Jugend – Rauschdrogen – Kriminalität

Theorie und soziale Praxis

Herausgegeben von:

Joachim Holder
Peter Orban

Band 5

Arthur Kreuzer

Jugend – Rauschdrogen – Kriminalität

Akademische Verlagsgesellschaft
Wiesbaden 1978

Printed in Germany/Imprimé en Allemagne
Gesamtherstellung: Konrad Triltsch, Würzburg
ISBN 3-400-00380-8

Inhaltsübersicht

Vorbemerkungen

1975 ist im gleichen Verlag meine umfassende jugendkriminologische Abhandlung über »Drogen und Delinquenz« erschienen. Sie hat ein beachtliches Echo in der wissenschaftlichen Fachwelt gefunden. Aus Kreisen von Lehrern, Ärzten, Sachverständigen, Polizeibeamten, Richtern und Sozialarbeitern ist jedoch vielfach der Wunsch geäußert worden, dieses große, deswegen teure und nur in begrenzter Auflage erschienene, zudem sehr stark auf den wissenschaftlichen Leserkreis abgestimmte Handbuch einem breiteren interessierten Publikum durch eine preiswerte, kurze Darstellung unter Verzicht auf den »wissenschaftlichen Apparat« zugänglich zu machen. Diesem verständlichen Wunsch sei hiermit entsprochen.

Die Darstellung ist aus einer dreijährigen Forschungstätigkeit hervorgegangen. Anfang 1972 habe ich meine jugendrichterliche Tätigkeit aufgegeben, um der bislang als am bedrückensten empfundenen Problematik — dem Drogenwesen in der Jugendkriminalrechtspflege — wissenschaftlich nachzugehen. Kriminologisch-empirische Arbeiten hierzu waren rar, Erkenntnisse kaum gesichert. Denn in vielfacher Hinsicht hatte und hat man es mit einem »Dunkelfeld« zu tun. Man begegnet mancherlei idealistischen Verkennungen und Klischeevorstellungen.

Die vorgelegte Untersuchung darf für sich in Anspruch nehmen, erstmals den kriminologischen Aspekten dieser Erscheinung nachgegangen zu sein und dabei — soweit möglich — das Dunkelfeld ausgeleuchtet zu haben. Freilich ist die Sicht des Jugendkriminologen nur eine der möglichen Betrachtungsweisen und wissenschaftlichen Zugangsmöglichkeiten bei der vielschichtigen Erscheinung des Rauschdrogenumgangs junger Menschen. Der Weg junger Rauschmittelmißbraucher in Drogenabhängigkeit und Kriminalität, Erscheinungsformen und Ausmaße solcher Kriminalität, ihre Verknüpfungen mit der Kriminalität anderer kriminogener Milieus und Subkulturen sowie gesellschaftliche, staatliche und insbesondere kriminalpolitische Reaktionen auf diese Kriminalität erschöpfen keineswegs die Problematik; sie sind jedoch ein wesentlicher Teil der sozialpolitischen Gesamtproblematik. Daher erscheint es notwendig, auch diese Aspekte — neben medizinischen oder sozialpädagogischen Betrachtungen — einmal in den Mittelpunkt einer Untersuchung zu rücken.

Wichtigste Erkenntnisquellen waren Intensivinterviews mit jungen Rauschmittelabhängigen vom Erscheinungsbild des »Fixers«. Die Probanden wurden 1972 in unterschiedlichen Einrichtungen — Haftanstalten, Heimen, Kliniken, therapeutischen Wohngemeinschaften — aufgesucht. Sie alle zeigten sich sehr aufgeschlossen, zumal ich mit der Problematik lange vertraut war, keiner Institution mehr angehörte, eine gute Vertrauensgrundlage schaffen konnte und fand, daß Rauschmittelabhängige in solchen Einrichtungen gern das offene Gespräch mit Kundigen suchen, mit denen sie unbefangen sprechen können. Befragt wurden die Fixer über eigene Erfahrungen oder Beobachtungen in ihrem Bekanntenkreis, kriminologisch gesehen also in ihren Rollen als Täter, Opfer und Informanten.
Zweite wichtige Erkenntnisquelle war eine Repräsentativbefragung aus dem Jahre 1973 bei Hamburger Schülern aller Schulzweige, eine Erhebung im Vorfeld der Rauschmittelabhängigkeit, des Kerns der »Drogen-Szene«, der erheblichen Kriminalität. Sie ermöglichte, »Normalwerte« im Vergleich zu den Erkenntnissen der Fixerbefragung zu gewinnen, Erkenntnisse also auch über den modischen Rauschmittelumgang bei einem Großteil der jungen Generation.
Ergänzend zu diesen Quellen wurden Akten und Kriminalstatistiken ausgewertet, empirische Arbeiten aus dem europäischen und angelsächsischen Bereich vergleichend herangezogen, Beobachtungen in Dienststellen eines Kriminalamts gesammelt und Erfahrungen aus zahlreichen Fachtagungen im In- und Ausland mit Sachkundigen der verschiedenen betroffenen Fachrichtungen berücksichtigt. Interessierte Leser müssen allerdings wegen der detaillierten Datenaufbereitung, der methodischen Darstellungen und der Quellennachweise auf das vorangegangene Handbuch verwiesen werden.
Gedankt sei den Herren Dr. Edwin Kube und Dr. Karl-Heinz Reuband für die Vermittlung einiger neuerer Daten aus Kriminalstatistiken und Repräsentativbefragungen, der Sekretärin des Verfassers, Frau Kruse, und seinen anderen Mitarbeitern und nicht zuletzt seiner Frau für Anregungen, Korrekturen und die maschinenschriftliche Anfertigung des Manuskripts, dem Verlag für seine Initiative und die schnellen, umsichtigen verlegerischen Bemühungen um dieses und das vorangegangene Buch.

Gießen, im November 1977 Arthur Kreuzer

I. Kapitel

Allgemeines über Umfang und Entwicklung des Rauschdrogenproblems

Gemessen an einem zeitweiligen Rückgang öffentlicher Beachtung in Politik und Publizistik, könnte man meinen, die Rauschdrogenproblematik bei jungen Menschen sei bewältigt oder klinge doch ab. Solcher Eindruck kann trügen. Freilich ist es äußerst schwierig, exakte Aussagen über den tatsächlichen Problemstand und die mutmaßliche künftige Entwicklung zu treffen. Das Datenmaterial unterschiedlicher Quellen ist jeweils einseitig, verzerrt, interpretationsbedürftig. Nur eine kritische Gesamtschau aller Befunde ermöglicht Aussagen, die selbst dann noch teilweise spekulativ bleiben. So soll hier vorweg versucht werden, einige wichtige Quellen solcher Befunde beispielhaft zu erläutern, auf mögliche Fehlerquellen aufmerksam zu machen und vorsichtig einiges zum gegenwärtigen Ausmaß und zur Entwicklung von Konsum und Mißbrauch der wichtigsten Rauschmittel unter jungen Menschen zu bemerken.

Die wichtigsten Rauschdrogen, ihre Kontrolle und Sicherstellung

Cannabisdrogen sind die meistgenommenen der neueren, unter jungen Menschen modisch gewordenen Rauschmittel. Nahezu alle extremen Rauschmittelmißbraucher und fast alle Gelegenheitskonsumenten von Rauschmitteln haben gegenwärtig Erfahrung damit. Hierzulande dominiert das wesentlich stärkere **Haschisch** aus dem Harz der Hanfpflanze. **Marihuana** aus den Blütenständen und Blättern des Hanfs mit seinem geringeren Wirkstoffgehalt, welches in den USA vorherrscht, wurde erst seit 1970 im stärkeren Umfang eingeführt. Seit 1968 ist Haschisch zugleich bedeutsamste »Einstiegsrauschdroge«, für viele das einzige Rauschmittel. Es kann als die eigentliche »Subkulturdroge« — das beispielhafte Mittel des ritualisierten Gruppenkonsums in dem entsprechenden Drogenmilieu — bezeichnet werden. Überwiegende Einnahmeform ist das Inhalieren — Rauchen in »Joints« oder Pfeifen —, seltener die Verarbeitung in Teezubereitungen oder als Beigabe zu Eßgerichten, äußerst selten das Injizieren. Dosis- und Frequenzsteigerungen bei dauerhaften Konsumenten — ein Übergang vom »weichen«

zum »harten« Konsum — sind nicht ungewöhnlich. Als wichtigste, auch für soziales Verhalten bedeutsame Auswirkungen längeren intensiven Haschischmißbrauchs sind psychische Abhängigkeit bis hin zu emotionalem Abstumpfen sowie gelegentliche Intoxikationspsychosen mit Ängstlichkeit und Halluzinationen zu nennen. Normalerweise treten bei geübtem Konsum Wahrnehmungsstörungen ein, eventuell verbunden mit Entspannung, Glücksgefühl und erhöhter Sensibilität.

Zu **Halluzinogenen** im engeren Sinn zählen vor allem LSD und Meskalin. Die Wirkungen sind ähnlich wie bei Cannabis, doch wesentlich stärker, länger anhaltend, noch weniger berechenbar. Die Drogen werden als »Trips« geschluckt. Sie sind als zweitwichtigste »Subkulturdroge« im Gefolge des Haschisch gegen Ende der sechziger Jahre mit der trügerischen Verheißung einer »Bewußtseinserweiterung« in den Schwarzmarkt eingeführt worden. Nur ein Teil regelmäßiger Haschischkonsumenten geht zu diesen Rauschmitteln über. Halluzinogenumgang ist bei extremen Rauschdrogenkonsumenten inzwischen aus einer späteren in eine frühere Phase der Rauschmittelkarriere gerückt. Starke psychische Veränderungen und langanhaltende »Horror-Trips« mit erheblicher Realitätsverkennung und unberechenbaren Handlungen sind gelegentliche Folge des Mißbrauchs. Körperliche Abhängigkeit mit Entzugserscheinungen tritt erfahrungsgemäß nicht auf.

Entsprechend dem Ausmaß der Verbreitung als Rauschdrogen folgen die **Weckmittel** — pharmakologisch als Zentralstimulantien oder Amphetamine zusammengefaßt, im Jargon der Drogen-Szene als »Speed« bezeichnet, wozu auch **Kokain** gezählt wird. Das Ausmaß der Verbreitung ist nicht genau auszumachen, da die Gründe für das Schlucken von legal oder illegal erhältlichen Weckmitteln von der ärztlichen Verordnung über eine Selbstbehandlung bis zur Suche nach Antriebssteigerung und schließlich nach Rauschzuständen reichen. Enorme Dosissteigerungen kennzeichnen den Mißbrauch zu Rauschzwecken. Weckmittel werden schließlich von Rauschmittelabhängigen vom Erscheinungsbild eines Fixers intravenös injiziert. Nicht selten wird von solchen Mißbrauchern über schwere Angst- und Verfolgungswahnzustände als zwei der möglichen negativen Folgen berichtet. Weckmittel hatten besonders in der Anlaufphase des neueren Rauschmittelmißbrauchs große Bedeutung erlangt.

Opiate sind die wichtigsten Rauschmittel der Fixer. Sie werden fast ausnahmslos injiziert. Das Rauchen von Opium ist hierzulande bedeutungslos. Zu den benutzten Opiaten gehörte in der frühen Phase der hiesigen Drogen-Szene vor allem eingeschmuggeltes Rohopium, das für Injektionen zubereitet werden mußte. Es folgten eingeschmuggeltes Morphin, eine Vielzahl synthetischer Opiate aus Beständen der pharmazeutischen Inlandherstellung und seit etwa 1971 in zunehmendem Maße schließlich als stärkstes Opiat das **Heroin.** Letzteres dürfte inzwischen den jetzigen Rauschmittelmarkt für Fixer prägen. Es wird in jüngster Zeit gelegentlich auch — ebenso wie neuerdings Kokain — pulverisiert geschnupft (»Sniefen«). Heroin führt — im Gegensatz zu anderen Opiaten — schon in kürzester Zeit zu körperlicher Abhängigkeit. Daher wächst die Wahrscheinlichkeit, daß ein Fixer nach dem Beginn dieser Mißbrauchsform nicht mehr aus freien Stücken aufhört. Entsprechend stärker ist die Neigung zur Beschaffungskriminalität. Der Heroinumgang ist teuer: Ein Gramm — die ungefähre Tagesdosis eines Heroinabhängigen, verteilt auf etwa 10 Einzelinjektionen — dürfte zwischen 200 und 1000 Mark kosten. Opiate insgesamt führen zur körperlichen Abhängigkeit, zu Toleranzwirkungen — also Dosissteigerungen — und zu schweren Entzugserscheinungen bei Ausbleiben der Stoffzufuhr. Vielfältige, ernste körperliche und seelische Leiden kennzeichnen den Weg des Opiatabhängigen.

Rauschmittelmißbraucher nehmen ferner, vor allem in Zeiten mangelhaften Nachschubs, Drogen aller Art als Ersatz für bevorzugte Mittel. Hierzu gehören Schmerz-, Schlaf-, Beruhigungs-, Kreislauf-, Hustenmittel, die dann indikationswidrig dosiert werden. Im übrigen benutzt man solche Mittel auch, um unangenehmen Folgen des Rauschmittelumgangs entgegenzuwirken.

Letztlich ist **Alkohol** zu erwähnen, der neben seiner Funktion als Nahrungs- und Genußmittel schon unabhängig vom gegenwärtigen Rauschmittelmißbrauch unter jungen Menschen auch die Funktion als wichtigstes und gesellschaftlich weitgehend toleriertes Rauschmittel hat. Die ursprüngliche Annahme, junge Haschischkonsumenten und Fixer mieden Alkohol, hat sich nicht bestätigt; im Gegenteil kann belegt werden, daß gerade extremem Rauschmittelmißbrauch überwiegend Alkoholmißbrauch vorausgegangen ist und daß junge Rauschmittelmißbraucher neben Haschisch oder Opiaten im allgemeinen auch Alkohol zu Rauschzwecken einnehmen. Es verdeutlicht sich eine breitgestreute Suchtdisposition vornehmlich in der Population junger Rauschmittelkonsumenten.

Zugang zu bestimmten Rauschmitteln und mögliche Gestaltungen von Beschaffungskriminalität sind weitgehend abhängig von der Art staatlicher Drogenkontrolle. Folgende **Stufen in der Reihenfolge der Kontrollintensität** sind rechtlich festgelegt:

1. **Freiverkäuflichkeit:** Praktisch unkontrollierte Verkaufsmöglichkeiten, worunter namentlich »Schnüffelstoffe«, viele Ersatzrauschmittel und Alkohol (abgesehen von den wenig beachteten Jugendschutzbestimmungen) fallen.
2. **Apothekenpflichtigkeit:** Lange Zeit wurden Weckmittel, die überdosiert Rauschwirkungen zur Folge hatten, in großem Maß über Apotheken bezogen. Nach teilweiser Unterstellung unter die Rezeptpflicht sind immer noch etwa 30 Arzneispezialitäten bekannt, die als Weck-, Schlaf-, Beruhigungs- und Schmerzmittel verkauft, aber als

Rauschmittel oder Ersatzmittel mißbraucht werden. Die Rechtslage ist unklar, da Zweifel bestehen, ob eine Droge allein deswegen der Rezeptpflicht unterstellt werden darf, weil sie in größerem Umfang indikationswidrig mißbraucht wird.

3. **Verschreibungspflichtigkeit:** Alle zugelassenen, üblicherweise als Rauschmittel verwendeten Opiate und Weckmittel, aber auch die meisten sonstigen abhängigkeitsbildenden Drogen werden auf dieser Stufe kontrolliert. Die ärztliche Verschreibung von »Betäubungsmitteln« setzt zumindest eine medizinische Indikation voraus.
4. **Sonderrezeptpflicht:** Eine weitere Stufe der Kontrolle ist jetzt für alle »Betäubungsmittel« eingeführt worden; diese dürfen nur noch auf Sonderrezeptformularen verordnet werden, um etwaigen Verschreibungs- und Bezugsmißbrauch und damit entsprechende Kriminalität verhindern bzw. besser kontrollieren zu können.
5. **Verschreibungsverbot:** Der Verordnungsgeber kann für bestimmte Drogengruppen Verschreibungs- und sogar totale Herstellungs- und Umgangsverbote aussprechen. Dies ist beispielsweise hinsichtlich aller Halluzinogene, einschließlich Cannabis, Kokablätter und Heroin, erfolgt.

Jeder dieser Stufen angepaßt, wird sich eine typische Kriminalität entfalten, wenn die jeweilige Drogenart von Mißbrauchern bevorzugt

Tabelle 1: Sicherstellungen einiger Rauschmittelarten in der Bundesrepublik Deutschland

Jahr	Cannabis (Haschisch, Marihuana) kg	LSD („Trips")	Kokain kg	Roh-opium kg	Roh-morphin kg	Heroin kg
1967	167	10	0,0	19	15	–
1968	381	30	0,0	32	0	0,0
1969	2278	5 861	0,1	48	209	0,6
1970	4332	178 925	0,0	35	1	0,5
1971	6670	89 281	9,2	62	416	2,9
1972	6114	52 272	1,7	48	163	3,7
1973	4732	77 207	4,3	51	22	15,4
1974 *)	3913	61 407	5,4	16	21	33,0
1975	6628	50 855	1,4	4	9	31,0
1976	5326	60 952	2,4	15	11	167,2

*) Seit 1974 einschließlich der Sicherstellungen durch Zollbehörden.

wird; entsprechend wird sich auch jeweils die praktische Durchführung der staatlichen und strafjustiziellen Kontrolle gestalten müssen.
Bedeutung und Verlauf des Rauschdrogenmißbrauchs hierzulande und die Umschichtungen in Richtung der »harten Drogen«, insbesondere des Heroins, kommen in der angeführten Statistik über polizeiliche und — seit 1974 — auch zollamtliche Sicherstellungen illegaler Rauschdrogenarten andeutungsweise zum Ausdruck. Es sind allerdings nur die wichtigsten, in Reinsubstanz beschlagnahmten Arten aufgeführt, nicht z. B. die in flüssigem Zustand oder in Mischformen vorgefundenen Mittel, keine Totalfälschungen, auch nicht die meisten der vielfältigen aus Apotheken entwendeten Präparate und Medikamente. Außerdem kann die Tabelle nichts über Ausmaße des Dunkelfeldes, also des nicht polizeilich oder zollamtlich entdeckten Schmuggelgutes, aussagen, überdies nichts darüber, ob das jeweils sichergestellte Gut zum Inlandsverbrauch oder Transfer in andere Länder bestimmt war.

Trendaussagen nach Polizeilichen Kriminalstatistiken

In der Kriminalität schlechthin, besonders in der Jugendkriminalität und beispielhaft im Rauschmittelbereich, wird den jährlich veröffentlichten Daten der Polizeilichen Kriminalstatistik erhebliche Bedeutung in Politik, Publizistik und öffentlicher Meinung beigemessen. Oft genug werden diese Angaben als Meßzahlen für Entwicklung und Ausmaß der tatsächlichen Kriminalität mißverstanden. Dabei ist ihr Aussagegehalt weit geringer; die Daten bedürfen kritischer Interpretation unter Berücksichtigung ihres Zustandekommens und verzerrender Einflüsse.
Allerdings stellen die Kriminalstatistiken die einzigen Statistiken zur Kriminalität und besonders zur Rauschmittelkriminalität dar, welche bundesweit einheitlich, stärker differenziert nach Tattypen, offiziös zentral (durch das Bundeskriminalamt aufgrund jährlicher Berichte der Landeskriminalämter) geführt werden und in frühere Jahre zurückreichen. Es darf aber nicht übersehen werden, daß sie allenfalls eine **Indikatorfunktion** für die Beurteilung **konjunktureller Entwicklungen** in der Rauschmittelfrage haben können. Gesamtschätzungen müssen immer aus einer Synopse dieser und vergleichbarer Datenquellen mit ganz andersartigen Dunkelfelduntersuchungen hervorgehen.
Um die in Tabelle 2 aufgeführten kriminalstatistischen Daten besser einschätzen zu können, seien vorweg einige wichtige Faktoren und Fehler angedeutet, die für Zustandekommen und Interpretation der Statistik bedeutsam sind.
Als wichtigste und zugleich allgemeinste Einschränkung ist hervorzuheben, daß die Kriminalstatistik nur entdeckte, polizeilich bekanntgewordene und **registrierte Kriminalität** erfaßt. Sie vermag also für sich genommen nichts über das Unentdeckte, das **Dunkelfeld** und damit über die tatsächliche Kriminalität auszusagen. Hingegen deutet sie eini-

ges über den Umfang polizeilichen Einsatzes an. Sie läßt schließen auf bestimmte Trends. In der dynamischen Interpretation — dem zeitlichen Längsschnitt — war sie dabei aussagekräftiger im Anlaufstadium des neueren Rauschmittelmißbrauchs als in dessen späterem Verlauf, weil das Verfolgungsbemühen anfangs sozusagen noch neutraler, unbefangener, routinemäßiger war.
Bedeutsam sind schon Zähl- und **Erfassungsmodalitäten**, besonders deren Veränderungen. So wurde die Statistik 1971 auf elektronische Datenverarbeitung umgestellt und neu gegliedert, wodurch Verzerrungen im Vergleich mit früheren Jahren, aber auch größere Unterscheidungsmöglichkeiten in den folgenden Jahren entstanden. Zu berücksichtigen sind gewisse Überhöhungen der Tatverdächtigenzahlen durch Mehrfachzählungen, wenn ein Täter mehrmals im selben Jahr auffällt; gerade dies ist bei Rauschmittelkonsumenten und -abhängigen bedeutsam. Zudem wird seit 1976 begonnen, Rauschmittelverfahren von **Zolldienststellen** in die Statistik des Bundeskriminalamts einzubeziehen, was den Anschein eines plötzlich stärkeren Anstiegs vermittelt.
Ein weiteres Bündel von Fehlerquellen ergibt sich aus Besonderheiten und Veränderungen des materiellen Strafrechts, das ja in seinen Straftatsbeständen definiert, welche Verhaltensweisen des Rauschmittelumgangs polizeilich erfaßt werden können. Hier sind schon wesentliche Verschiebungen und Ausweitungen durch die **Reform des Betäubungsmittelgesetzes** festzustellen. Seit 1971 kann z. B. der Umgang mit Halluzinogenen wie LSD durch deren Gleichstellung mit »Betäubungsmitteln«, seit 1972 ferner bereits jeder Besitz eines Betäubungsmittels als Straftat verfolgt werden. Daraus ergeben sich statistisch gesehen Steigerungen. Sogenannte **»fortgesetzte Delikte«** — eine beliebige Vielzahl gleichartiger, von einheitlichem Vorsatz umfaßter Einzelakte — zählen rechtlich und damit statistisch nur als **eine** Tat. Da sie beim illegalen Rauschmittelumgang Drogenabhängiger üblich sind, müßte sich theoretisch eine große Zahl von Einzelverstößen statistisch in einer kleinen Zahl niederschlagen. Der ermittelnde Polizeibeamte ist jedoch stärker dem einzelnen Akt zugewandt; er kann den »Fortsetzungszusammenhang« nur selten erkennen, so daß dieser erst zu einer Bündelung der Einzelakte im weiteren Gang des Strafverfahrens führt. Noch schwerer ist dieser Zusammenhang erkennbar, wenn an verschiedenen Orten gegen denselben Verdächtigen ermittelt wird; dies wiederum gewinnt an Bedeutung angesichts wachsender Tätermobilität. Zudem wertet der Polizist als Nicht-Jurist anders in dieser auch unter Juristen umstrittenen Materie. Ähnliche Schwierigkeiten entstehen bei der Handhabung des Zusammentreffens mehrerer ungleicher Straftatbestände derselben Handlung — rechtliche **»Tateinheit«** —; dabei wird nur der abstrakt schwerste Straftatbestand registriert, so daß etwa Einbruchsdiebstahl, Raub und Erpressung nicht in der Rubrik »Tatverdächtige von Rauschgiftdelikten« erscheinen. Ein Großteil rauschmittelbedingter

Straftaten dürfte überdies der entsprechenden statistischen Rubrik entgehen, weil das drogenbezogene Motiv oder der sonstige Zusammenhang eines Geschehens mit Rauschmitteln — beispielsweise im Bereich von Unfällen im Straßenverkehr — unbekannt bleiben.

Entscheidenden Einfluß auf die Statistik üben Veränderungen in der **polizeilichen Verfolgungsorganisation, -intensität und -strategie** aus. So wurden in großstädtischen Zentren des Rauschmittelmarktes kriminalpolizeiliche Sonderdezernate mit Spezialeinheiten für bestimmte Delikte — Handel/Schmuggel, Apothekeneinbrüche — errichtet. Sie wurden quantitativ (mehr Sachbearbeiter, sachgemäße technische Ausstattung) und qualitativ (bessere Schulung und Methodik) erweitert. Vereinzelt bildete man gemeinsame Fahndungsgruppen von Kriminalpolizei und Zolldienststellen. Dadurch verändern sich Ermittlungszahlen, und statistisch treten Verschiebungen zwischen einzelnen Deliktsarten auf. Auch die Wandlung des Täterbildes und seine Anpassung an die Realität begünstigen solche Verschiebungen. Gleiche statistische Wirkungen werden durch Ausarbeitung und Veränderung der Verfolgungsstrategie erreicht. Das führte in Rauschmittelzentren zur Vernachlässigung der an sich zahlreichen Bagatellfälle des Rauschmittelkonsums und zur Konzentration des Verfolgungsbemühens auf bestimmte Zielgruppen, vornehmlich größere Händler und Schmuggler. Statistisch drücken sich die Veränderungen beispielsweise in Tabelle 2 im verhältnismäßig stärkeren Anstieg der Zahlen tatverdächtiger Händler gegenüber dem Anstieg der Gesamtzahlen tatverdächtiger Rauschmitteltäter aus, ebenso wie in einer entsprechenden Verlagerung auf durchschnittlich etwas ältere Tatverdächtige in den letzten Jahren.

Steigende Ermittlungszahlen können weiterhin Folge eines gewandelten **Verfolgungsklimas**, eines wachsenden Verfolgungsdrucks durch Öffentlichkeit, Politiker, Medien oder Behördenleitungen auf die Kriminalpolizei, aber auch wachsende **Anzeigebereitschaft** bei Opfern und sonst Betroffenen sein. In gleicher Richtung eines nur scheinbaren Anstiegs würde sich auch eine Tendenz polizeilicher Rauschmitteldezernate auswirken, bei Verantwortlichen und in der Öffentlichkeit ein entsprechendes Problembewußtsein hervorzurufen, um Verbesserungen in der Verfolgungskapazität zu schaffen und zu erhalten, indem man mehr Bagatellfälle erfaßt und dadurch ein Anhalten oder gar ein Wachsen der Ausmaße des Rauschmittelmißbrauchs suggeriert.

Verschiebungen in der staatlichen Rauschmittelkontrolle, z. B. von der polizeilichen zur gesundheits- und sozialbehördlichen Arbeit, schlagen sich in scheinbarer Rückläufigkeit der Kriminalitätsproblematik nieder. In dieser Richtung kann sich ebenfalls eine Verlagerung des Rauschmittellebens aus dem öffentlichen — polizeilich leichter durchschaubaren — Bereich in private Sphären auswirken; gleiches gilt für

eine Verschiebung der Kriminalitätsformen von leichter zu schwerer polizeilich entdeckbaren.
Letztlich ist die Möglichkeit fehldeutbarer statistischer Anstiege und Abnahmen durch qualitative Veränderungen einzelner Rauschmittelstraftaten beispielhaft zu nennen: Tatsächlich dürften bis etwa zum Jahre 1970 Handelsstraftaten mit jeweils geringeren Rauschmittelmengen, später im Zuge der Organisation des illegalen Handels Einzelakte mit größeren Mengen im Vordergrund gestanden haben. Darüber hinaus scheint sich mit der Einführung des Heroins und verschärfter Kontrollen in letzter Zeit wieder eine rückläufige Entwicklung zum Umgang mit kleineren, weniger leicht entdeckbaren Mengen im Handelsgeschehen anzubahnen. Statistisch bedeutet es jedoch einen großen Unterschied, ob etwa zehn Handelsdelikte à 10 Gramm eines Rauschmittels oder ein Delikt à 100 Gramm registriert werden. Die Grundeinheit **eines** Falles und **eines** Täters bleiben konstant, unabhängig von der Größenordnung im Einzelfall.
Solche und viele weitere Interpretationsgrenzen gilt es zu bedenken, wenn man Tabelle 2 betrachtet.

Tabelle 2: Entwicklung der Zahlen Tatverdächtiger bei Rauschmitteldelikten nach der Polizeilichen Kriminalstatistik für die Bundesrepublik Deutschland

Jahr	Tatverdächtige insgesamt	Anteil weiblich %	Anteil Ausländer %	Anteil Jugendl. (14–18 J.) %	Anteil Heranwachsender (18–21 J.) %	Anteil Jungerwachsener (21–25 J.) %	Tatverdächtige bei Handel/ Schmuggel %	davon Anteil Ausländer %
1967	1 226	19,8	24,7	6,2	16,2			
1968	1 937	19,2	23,4	10,7	24,6			
1969	4 405	15,8	22,5	17,2	30,5			
1970	16 188	13,7	11,2	27,5	39,4			
1971	23 200	13,9	12,2	28,9	39,6			
1972	22 607	14,8	14,5	24,0	39,9	23,6	6 569	23,3
1973	24 015	15,9	18,0	18,6	40,0	27,8	7 701	24,5
1974	25 671	16,1	18,4	16,6	37,6	31,3	8 207	23,5
1975	27 106	17,7	16,1	13,4	36,4	32,9	9 388	22,1
1976 *)	34 161	18,6	14,1	10,8	33,9	36,0	13 205	19,7

*) 1976 erstmals mit Daten der Zollbehörden. Die Zolldaten für Niedersachsen sind jedoch nur in der Gesamtzahl Tatverdächtiger enthalten, die für Nordrhein-Westfalen in den Angaben über Tatverdächtige und im Ausländeranteil bei des Handels Tatverdächtigen.

Trendaussagen nach Todesfallstatistiken

Indirekt ließen sich aus Statistiken über Todesfälle unter Rauschmittelabhängigen Schlüsse ziehen auf Ausmaß und Entwicklung des Problems. Dies geschieht in der Tat, ruft jedoch ebenso Bedenken hervor wie unbekümmerte Trendaussagen nach Kriminalstatistiken. Todesfallstatistiken kommt allenfalls die Funktion eines Indikators für direkte Auswirkungen und qualitative Veränderungen des Rauschmittelmißbrauchs zu. In Tabelle 3 wird die Entwicklung nach kriminalpolizeilichen Erkenntnissen wiedergegeben.

Tabelle 3: Todesfälle im Zusammenhang mit Rauschmittelmißbrauch nach kriminalpolizeilicher Erfassung in der Bundesrepublik Deutschland

Jahr	1970	1971	1972	1973	1974	1975	1976	1977
Todesfälle	29	67	104	106	139	194	337	ca. 380

Da es weder eine Meldepflicht für Rauschmittelabhängigkeit noch eine allgemeine Obduktionspflicht gibt und da ferner übereinstimmende Kriterien der Definition eines Rauschmitteltodesfalls fehlen, können Lücken und Unstimmigkeiten in der Registrierung solcher Todesfälle nicht ausbleiben. So verwundert es nicht, daß Angaben der Amtlichen Todesursachenstatistik des Statistischen Bundesamtes von den berichteten Kriminalamtsdaten abweichen. Die tatsächlichen Zahlen dürften höher liegen als die hier angegebenen, jedoch derzeit zumindest bei über 25jährigen noch niedriger als die Todesfallzahlen im Zusammenhang mit Alkoholmißbrauch. In den amtlichen Zahlen fehlen u. a. die Fälle der im Ausland gestorbenen deutschen Drogenabhängigen. Grob **definierend** könnte man von Todesfällen rauschmittelabhängiger Personen sprechen, wenn der Tod im Zusammenhang mit dem Rauschmittelumgang steht, wobei zweckmäßigerweise Alkohol auszusondern ist. Uneins ist man offenbar schon in der Zuordnung der Todesfälle Tablettensüchtiger.

Als wichtigste **Todesursachen** kommen in Betracht: Unfälle durch versehentliche Überdosierung, durch gefälschte, unbekannte oder unverträgliche Drogen, durch wahnbedingte Handlungen, durch Teilnahme am Straßenverkehr, ferner Selbstmorde, Todesfälle aufgrund organischer Erkrankungen als Folge der Rauschmittelabhängigkeit — z. B. Leberzirrhose, Herz- und Kreislaufversagen — und schließlich vorsätzliche und fahrlässige Tötungen. Gerade im Bereich von Tötung und Selbsttötung dürfte das Dunkelfeld groß sein.

Die Ursachen der offenkundig starken Zunahme solcher Todesfälle in letzter Zeit sind nicht eindeutig bestimmbar. Sicher dürfte sich in diesem Trend jedenfalls in gewissem Umfang eine Zunahme der heutigen Zahlen von Fixern niederschlagen. Doch können auch weitere Umstände dafür verantwortlich sein: Frühere Fixer, die in den sechziger Jahren mit dem Rauschmittelmißbrauch begonnen hatten, werden vermehrt unter heutigen Todesfällen zu finden sein. Insofern ist ein Teil der Todesfälle dieser Jahre Spätfolge der starken Zunahme Rauschmittelabhängiger früherer Jahre. Selbst bei einem — derzeit unwahrscheinlichen — Rückgang der Gesamtzahlen von Fixern wäre als Spätfolge früherer Trends nach einer bei jedem Fixer unterschiedlich langen Mißbrauchsphase heute noch mit einer Zunahme von Todesfällen zu rechnen. Auch darf angenommen werden, daß der verstärkte Heroinumgang, die hierbei schneller eintretende Abhängigkeit und die häufigen Schwankungen des Wirkstoffgehalts unter neueren Rauschmittelmißbrauchern öfter und schneller zum Tode führen. Angesichts zunehmenden Heroinumgangs wirkt sich außerdem oft die Rückkehr zu alten Gewohnheiten und Dosierungen bei kurzzeitig drogenentzogenen Mißbrauchern nach Haft- und Klinikaufenthalten tödlich aus. Gleichwohl sind wir noch weit entfernt von Größenordnungen, die aus den USA berichtet werden; allein in New York gab es 1971 1400 Herointote.

Die Altersstruktur bei Rauschmitteltoten verdeutlicht, daß es sich gegenwärtig speziell um eine Problematik jüngerer Menschen handelt. Von den 337 Rauschmitteltoten des Jahres 1976 entfallen auf die 14- bis 18jährigen 9%, die 18- bis 21jährigen 32%, die 21- bis 25jährigen 42%, die 25- bis 30jährigen 15%, die älteren 2%.

Trendaussagen nach Repräsentativbefragungen

Allen offiziösen Datenquellen mangelt es, wie dargelegt wurde, vor allem daran, daß sie auf starken Auslesevorgängen beruhen. Das Dunkelfeld wird nicht erfaßt. Deshalb ist es nötig, wenigstens partiell Befragungen in der **»Normalpopulation«** durchzuführen. Im Rauschmittelbereich haben sich hierbei repräsentative Befragungen bei Schülern als nützlich erwiesen. Die von M. JASINSKY, K.-H. REUBAND und A. KREUZER in Hamburg dreimal im zweijährigen Turnus durchgeführten Befragungen erlauben als einzige Erhebungen Trendaussagen über eine längere Zeit.

Gleichwohl ist auch hier auf Einschränkungen in der Aussagekraft hinzuweisen. Bei Schülerbefragungen an Haupt-, Real-, Gymnasial- und Berufsschulen begegnet man lediglich »Normalkonsumenten« von Rauschmitteln. Extreme Rauschmittelmißbraucher, »drop outs«, sozial nicht mehr integrierte, behandlungsbedürftige oder bestrafte Rauschmittelkonsumenten findet man hier nicht; sie schwänzen die

Schule, besuchen Sonder- und Heimschulen oder überhaupt keine Schule mehr. Falsch ist es deswegen, Beobachtungen an »Schülerkonsumenten« auf die Allgemeinheit der Rauschmittelnehmer oder gar auf Rauschmittelabhängige zu übertragen. Das gilt bezüglich der Rauschmittelumgangsformen, der Rauschmittelarten, der Rauschmittelwirkungen und der sozialen Zuordnung von Rauschmittelkonsumenten.
Eingedenk dieser Einschränkungen werden in Tabelle 4 einige vergleichende Ergebnisse aller drei Befragungen unterbreitet.
Nach den Hamburger Erhebungen bei Schülern läßt sich auf folgenden ersten, allgemeinen Trend schließen: **Der modische Umgang mit Rausch-**

Tabelle 4: Zum Umfang der Rauschmittelerfahrung nach drei repräsentativen Befragungen bei Hamburger Schülern *)

erfragtes Verhalten		1. Befragung 1971 %	2. Befragung 1973 %	3. Befragung 1975 %
Rauschmittelerfahrung insgesamt		27	18	15
davon männlich		31	23	17
davon weiblich		21	13	12
im Alter von 14 J.		9	3	2
im Alter von 15 J.		16	6	5
im Alter von 16 J.		27	13	11
im Alter von 17 J.		28	19	17
im Alter von 18 J.		35	25	20
im Alter von 19 J. und älter		43	35	29
Rauschmittelkonsum in den letzten 6 Monaten		20	9	8
Rauschmittelkonsum öfter als 20mal		8	6	5
Gegner einer Haschischfreigabe		42	65	70
In den letzten 2 Monaten waren betrunken	Rauschmittelerfahrene:	53	60	68
	Rauschmittelunerfahrene:	27	23	28

*) Die Befragungen wurden anonym und klassenweise 1971 und 1973 von M. Jasinsky, 1973 unter Mitwirkung von A. Kreuzer, 1975 von K.-H. Reuband durchgeführt; zur Stichprobe gehörten jeweils über 5000 Schüler an Haupt-, Real-, Gymnasial- und Berufsschulen von den 8. Schulklassen an aufwärts. Die hier angegebenen Daten wurden freundlicherweise von K.-H. Reuband zugänglich gemacht.

mitteln, insbesondere mit Haschisch, ist rückläufig. Auch der Anteil für Rauschmittelumgang aufgeschlossener oder noch unentschiedener Schüler mindert sich. Die Ablehnung gegenüber Rauschmitteln wächst, ebenso die Meinung, das staatliche Haschischverbot sei zu billigen und eine härtere Bestrafung von Rauschmittelhändlern zu fordern. Bei dem überwiegenden Teil rauschmittelerfahrener Schüler hat man es mit einmaligen oder gelegentlichen Rauschmittelnehmern zu tun. Freilich handelt es sich nicht um einen Automatismus des Rückgangs; dieser Trend ist weniger stark ausgeprägt, als oft vermutet wird. Immer noch ist ein erhebliches Reservoir möglicher späterer Rauschmittelnehmer unter Schülern zu finden. Das Problem kann also in dieser Sicht weder pädagogisch, noch sozialmedizinisch oder kriminalpolitisch als bewältigt angesehen werden. Im Gegenteil: Die Erkenntnisse zur Entwicklung des »harten Drogenumgangs« und über jederzeit denkbare neuerliche Einstellungsänderungen erfordern andauernde Aufmerksamkeit und anhaltendes pädagogisches Bemühen.

Sozial- und kriminalpolitisch, aber auch für die pädagogische Arbeit bedeutsam sind die Befunde über den anhaltenden, wenn nicht sogar zunehmenden **Alkoholumgang** und -mißbrauch. Der mißbräuchliche Umgang mit legalen Rauschmitteln — und Alkohol ist nicht nur Genuß-, sondern auch Rauschmittel — ist ein erster Schritt zur Bereitschaft, zusätzlich illegale Rauschdrogen zu nehmen. Alkoholumgang nimmt nicht nur quantitativ — nach der Zahl der Konsumenten und nach den genommenen Mengen — zu, vielmehr sind zugleich qualitative Veränderungen zu beobachten: Er setzt in immer jüngerem Alter ein, und höherprozentige alkoholische Getränke werden vermehrt genommen. Nach der Schülerbefragung von 1973 hatten 43% der 13/14-jährigen Schüler und 36% der gleichaltrigen Schülerinnen bereits Trunkenheitserlebnisse; unter den 16jährigen waren es schon 71% Schüler und 55% Schülerinnen. Tabelle 4 belegt, daß Rauschmittelerfahrene dabei wesentlich stärker zu Alkoholumgang neigen.

Wenn sich nach den Schülererhebungen ergibt, daß Rauschmittelumgang — insbesondere Haschischkonsum — Attitüde eher von Zugehörigen mittlerer und höherer **Sozial- und Bildungsschichten** war, so läßt sich auch diese Beobachtung keineswegs verallgemeinern: Unter extremen Rauschmittelmißbrauchern, unter Opiatabhängigen, unter jungen Polytoxikomanen vom Erscheinungsbild des Fixers sind im Gegenteil untere Sozialschichten stark vertreten. Zunehmend findet man unter Fixern solche, die man als »soziale Absteiger« charakterisieren könnte. Hier zeigt sich schon die genannte begrenzte Aussagekraft von Schülerbefragungen. So fanden sich unter den jeweils über 5000 befragten Hamburger Schülern lediglich etwa zwei Dutzend Schüler, die angaben, Rauschmittel injiziert zu haben. Selbst diese wenigen lassen sich nicht als »Fixer« bezeichnen, da ihr intravenöser Rauschmittelumgang in der Regel vorübergehendes Verhalten ohne Suchtfolge ist.

So muß man sich bei der **Einschätzung des »harten Rauschmittelkonsums«**, des Umgangs mit Opiaten und des »Fixens« auf andere Quellen stützen. Dazu gehören Beobachtungen und Datenerhebungen u. a. der Kriminalpolizei, der Kliniken und der Drogenberatungsstellen. Nach der eigenen Informantenbefragung bei Fixern in unterschiedlichen Einrichtungen hat sich herausgestellt, daß fast jeder Fixer nach einer gewissen Anlaufzeit irgendwann polizeilich auffällt. Dauerhafte Abschirmung in der privaten Sphäre ist kaum möglich, da das soziale Abgleiten und der Bezug zum Drogenmilieu mit erhöhter Auffälligkeit bei Straftaten zwangsläufig verbunden sind. Nach diesen und weiteren Beobachtungen darf damit gerechnet werden, daß der Polizei von jeweils drei Fixern zwei bekannt sind. Da die Polizei bundesweit gegenwärtig ungefähr 26500 junge Rauschmittelmißbraucher vom Bild des Fixers registriert hat, und zwar aufgrund strafrechtlicher Auffälligkeiten, kann auf eine Größenordnung dieses »harten Kerns« der Drogen-Szene von etwa 35000 bis 40000 Personen geschlossen werden.
Über die **Dynamik dieses harten Kerns** Aussagen zu machen, ist noch schwieriger und notgedrungen spekulativer. Beispielhaft wurden in Hamburg die Zahlen der allen Erfassungs- und Betreuungsstellen bekannten Fixer ermittelt und laufend vervollständigt. Dort sind jetzt etwa 1600 Fixer irgendwelchen öffentlichen oder privaten Einrichtungen bekannt, während es 1973 noch etwa 900 waren. Ungefähr zwei Drittel von ihnen sind gleichfalls der Polizei bekannt; nahezu ein Drittel sind Frauen. Der monatliche Zuwachs insgesamt bekanntwerdender Fixer beträgt über ein Dutzend. Unklar bleibt jedoch, wieweit es sich bei dieser Zunahme um eine zwangsläufige Spätfolge des bis etwa 1973 insgesamt stark zunehmenden Rauschmittelumgangs handelt. Zumindest ein Teil dieser »Neuzugänge« in den Datenerhebungen dürften Fixer sein, die tatsächlich erst in jüngerer Zeit drogenabhängig geworden sind. Vor allem infolge des zur Zeit offenbar leichteren Zugangs zu Heroin, der sich verkürzenden »Anlaufphase« vom ersten Rauschdrogenumgang bis zum Injizieren von Heroin und der schnell eintretenden Abhängigkeit nach Heroinumgang erscheint eine weitere Ausdehnung dieses »harten Kerns« wahrscheinlich. Hinzu kommen die noch darzulegenden Erkenntnisse über »Ansteckungswirkungen« unter Fixern.
Damit ist auf einen zweiten Trend zu schließen: **Der harte Kern des Rauschmittelmißbrauchs junger Menschen, insbesondere der Kreis von Fixern, dürfte sich anhaltend ausweiten und damit die sozial- und kriminalpolitische Problematik des Umgangs mit illegalen Rauschdrogen zusätzlich verschärfen.**

II. Kapitel

Über soziale Entstehungsbedingungen

Der moderne, sozialepidemische Rauschdrogenumgang junger Menschen ist eine vielschichtige Erscheinung. Sie kann als **Ausdruck der Grundbefindlichkeit einer Gesellschaft und junger Menschen in ihr** verstanden werden. Ehe die Bezugsgruppen, das Milieu, beschrieben werden, in denen junge Menschen zum Rauschmittelumgang kommen und entsprechende Verhaltensweisen, einschließlich Kriminalität, kennenlernen — nämlich die Subkultur der Drogen-Szene —, sei versucht, den allgemeinen soziokulturellen Hintergrund und die besonderen jugendkriminologischen Zusammenhänge dieser Erscheinung skizzenhaft anzudeuten.

Der allgemeine soziokulturelle Hintergrund

Die Phase körperlichen, geistigen und sozialen Reifens junger Menschen in dieser Gesellschaft ist mit mancherlei Unsicherheit, Risiko, Gefährdung verbunden. Sie fällt in eine allgemeine Situation des Umbruchs.

Die geistige Situation scheint geprägt durch Verlust an Religiosität, Zweifel an überkommenen Wertvorstellungen, einen Wertpluralismus, auf dessen Boden allzuleicht aus Toleranz und dem Bewußtsein gleicher Gültigkeit unterschiedlicher Wertordnungen Gleichgültigkeit erwächst, eine besonders in der Nachkriegszeit eingeleitete starke Hinwendung zu materiellen Zielen — Leistungs-, Wohlstands-, Konsumgesellschaft — sowie Verlust an Individualität durch Vermassung, Vertypung, Anonymisierung, durch Überbetonung des Rationalen und Vernachlässigung des Emotionalen. Man spricht von »Lebensqualität« und denkt dabei an materielle Daseinssicherung, nicht an ideelle Dimensionen, wie Glück, Vertrauen, Liebe, Wertbewußtsein, Vorbild. Angesichts solcher Gegebenheiten nimmt es nicht Wunder, wenn große Teile der jungen Generation nach Auswegen, Ersatz, Ausfüllen eines Vakuums suchen. So fliehen viele in Scheinideologien — etwa der Verweigerungshaltung, des »Aussteigens«, des »Gammelns«, des »Psychedelismus« — und wenden sich pseudoreligiösen Mystizismen zu, unterstützt jeweils durch entsprechende Drogen und Riten.

In der Lebensgestaltung und Lebensbewältigung mangelt es an Gefordertsein: Individuelle und familiäre Daseinsvorsorge werden kollektiven staatlichen und gesellschaftlichen Einrichtungen anheimgegeben (Wohlfahrtsstaat). Junge Menschen lernen vielfach passives Erleben (z. B. Fernsehen). Alltägliche und existentielle Konflikte sowie Versagungserlebnisse werden kaum noch in ihrer positiven, persönlichkeitsbildenden und -fordernden Bedeutung wahr- und angenommen, sondern weitgehend gemieden, oft durch Drogen. Überhaupt werden Drogen aller Art — Beruhigungs-, Schlaf-, Weckmittel — zum künstlichen Mittel der Lebens- und Konfliktbewältigung. Drogennehmen ist Alltagsverhalten; Drogen sind jederzeit und überall verfügbar. So liegen Drogenmißbrauch und die Suche passiven Erlebens mit Hilfe von Rauschmitteln nicht fern.

Die Sozialisation ist verändert und erschwert durch eine veränderte Situation in Familie, Erziehung und weiterem sozialem Umfeld. Die Familie schrumpft zum Kleinstverband, aus dem sich der junge Mensch überwiegend immer früher löst. Sie wurde im vergangenen Jahrzehnt als entscheidende Bezugsgruppe und wichtigster Sozialisationsfaktor zunehmend in Frage gestellt. Die soziale Kontrolle in diesem Bereich schwindet und findet keinen angemessenen Ersatz. Die Erziehungsstile schwanken. Oft tritt an die Stelle von Erziehung bloßes Gewährenlassen. Dies verbindet sich mit einer nicht auf ihre Folgen bedachten, zum Selbstzweck gewordenen Tendenz des Enttabuisierens; die Übernahme vorgezeichneter Verhaltensnormen wird dadurch erschwert. Autorität und Vorbilder werden nicht mehr gesucht oder angenommen. Der familiäre Erziehungsnotstand wird von der Schule keineswegs kompensiert; eher zieht sich diese auf intellektuelle Ausbildung zurück und vernachlässigt emotionales und soziales Erziehen. Soziale Mobilität, Rollenvielfalt und Rollenwechsel in der Gesellschaft verursachen Status- und Orientierungsunsicherheit. Das gerade in einer demokratischen Gesellschaft und bei wirtschaftlichem Wohlstand wachsende Maß an Freiheit und Freizügigkeit bietet zwar vermehrte Chancen den einen, aber zunehmende Gefährdungen den anderen, welche diesen Freiraum nicht diszipliniert zu nutzen wissen. In dieser Orientierungsunsicherheit wenden sich viele junge Menschen neuen Bezugsgruppen zu, die scheinbar Ersatz, Ausfüllung, Geborgenheit, Sicherheit geben, so der Subkultur der Drogen-Szene.

Die Umwelt wird zunehmend unwirtlicher. Verstädterung, Industrialisierung, Technisierung und Reizüberflutung tragen dazu bei, ohne daß hier eine Wende erkennbar oder durchweg wünschbar wäre. Im besonderen ist es aber eine teilweise durchaus auch anders vorstellbare äußere Gestaltungsweise des Lebens für junge Menschen in dieser Gesellschaft, die von vielen als abstoßend empfunden wird und die Leere, Isoliertheit, Anonymität, Orientierungslosigkeit und Ängste statt Geborgenheit vermittelt. Man denke nur an sterile Hochhaussiedlungen in

Trabantenstädten, an Mammuteinheiten in neueren Schulsystemen, in welchen engere Person-, Gruppen- und Raumbindungen schwerer entstehen, an mechanisierte Arbeitsprozesse. All dies kann die Suche nach vermeintlichen Auswegen begünstigen: Jugendalkoholismus, Jugendselbstmord, Zusammenschluß in sich aggressiv gebärdenden Jugendbanden oder in Rauschmittelgruppen.

Der besondere jugendkriminologische Zusammenhang

Empirische Untersuchungen lassen erkennen, daß eine Reihe sozialer Störfaktoren in der Entwicklungszeit Jugendlicher gehäuft bei Rauschmittelkonsumenten zu finden ist. Man kann von **Störungssyndromen** sprechen. Es sind weitgehend die gleichen Merkmale von Dissozialität oder Faktoren, die dissoziales Verhalten begünstigen, welche sich auch in andersartigen Gruppierungen delinquenter Jugendlicher finden. Sie sind vornehmlich dort erkennbar, wo die Sozialisation junger Menschen vermittelt werden soll, also in Familie, Schule oder Lehrbetrieb, aber auch in den freizeitgestaltenden Institutionen und in Freundesbeziehungen. Solche Störungssyndrome lassen sich als konkrete Symptome des eingangs erwähnten allgemeinen soziokulturellen Hintergrundes auffassen. Andere Symptome können etwa Zusammenschlüsse in Gruppierungen gewalttätiger Jugendlicher, Selbstmordhaltungen, Jugendalkoholismus, ja Verhaltensstörungen und psychische Störungen im weitesten Sinn sein. Hier zeigt sich bereits, daß **Rauschmittelumgang** ein bei gleicher sozialer Disposition durchaus **austauschbares Symptom** ist; er ist in einem weiten jugendkriminologischen Rahmen zu sehen.

Rauschmittelumgang ist **abweichendes Verhalten**. Es wird von den Sozialisationsmittlern im allgemeinen mißbilligt. Die Bereitschaft zu solchem Verhalten kann somit auch als Indiz dafür gewertet werden, daß jemand nicht übereinstimmt mit Normvorstellungen der für ihn maßgeblichen Sozialisationsmittler, daß die Sozialisation ganz oder teilweise fehlgelaufen bzw. ausgeblieben ist. So verwundert es nicht, daß sich Sozialisationsdefizite und abweichende Normvorstellungen am deutlichsten bei jenen nachweisen lassen, deren Rauschmittelumgang am stärksten ist. Hingegen finden sich unter jenen, die nur gelegentlich mit Rauschmitteln umgehen und in der Drogen-Szene verkehren, viele, die keinerlei Defizite solcher Art erkennen lassen. Für sie bleibt dieses abweichende Sozialverhalten Episode.

Die Zusammenhänge zwischen Sozialisationsmängeln und Rauschmittelumgang können ihrer Art nach unterschiedlich sein. Zum einen läßt sich an einen unmittelbaren Zusammenhang denken; das Syndrom bestimmter Sozialisationsmängel bedeutet eine Prädisposition, die an sich schon den Griff zum Rauschmittel begünstigt. Zum anderen kann der Zusammenhang mittelbar sein. Jene Sozialisationsmängel begünstigen den Anschluß junger Menschen an neue Bezugsgruppen, an Gleichaltrigengruppen, in denen ihnen die soziale Orientierung scheinbar erleichtert wird, in denen sie Ersatz und Ausgleich für jene Mängel suchen, in denen an die Stelle der von den primären Sozialisationsmittlern nicht übernommenen nun andere Normvorstellungen und Verhaltensweisen treten, in denen sie schließlich leichter Zugang zu Rauschmittelumgang und Kriminalität finden. Beide Arten der Zusammenhänge schließen sich nicht gegenseitig aus. Der mittelbare Zusammenhang dürfte weit eher dem epidemisch verlaufenden, sich über Gleichaltrigengruppen ausbreitenden gegenwärtigen Verlauf des Rauschmittelumgangs entsprechen.

Störungen in Familie und Erziehung

Der Familie kommt die wichtigste Bedeutung für den sozialen Werdegang junger Menschen zu. Sie ist die bedeutsamste Sozialisationsmittlerin. Gelingt die Sozialisation, so darf auf entsprechende stabilisierende Faktoren im familiär-erzieherischen Bereich geschlossen werden; mißlingt sie, liegt der Schluß auf eine nicht intakte Familienbeziehung nahe.

Die Schülerbefragungen, in denen ernsthaft Rauschmittelabhängige allerdings nicht erfaßt sind, belegen bereits, daß Rauschmittelerfahrene insgesamt etwas häufiger als andere aus strukturell gestörten Familien stammen. Ein unvollständiges Elternhaus bedeutet keineswegs zwingend Schäden für die Entwicklung des Kindes. Es kann aber mitunter auf Mängel familiären Lebens hinweisen, etwa darauf, daß der verbleibende Elternteil, der die Last der Erziehung und Versorgung trägt, überfordert ist, dem Kind nicht genügend Vorbild sein und Geborgenheit geben, es nicht ausreichend beaufsichtigen und führen, sich ihm nicht widmen kann.

Stärkere Zusammenhänge zeigen sich zwischen **Rauschmittel-, Alkohol-, Medikamenten- bzw. Nikotinmißbrauch der Eltern** und Rauschmittelumgang der Kinder. Schon das schlechte Vorbild der Eltern kann verleiten. Auch können sich in dem Befund psychopathologische Dispositionen in der Familie ausdrücken. Schließlich ist an negative Auswirkungen elterlicher Suchtnähe auf die Erziehung zu denken.

Am deutlichsten zeigen sich Zusammenhänge zwischen einer schlechten Selbsteinschätzung des Verhältnisses befragter Schüler zu ihren Eltern und dem Faktor eigener Rauschmittelerfahrung. Als **disharmonisch** kann eine **Eltern-Kind-Beziehung** auch und gerade dann erlebt werden, wenn die Familie äußerlich ungestört ist. Besonders Mädchen leiden in entscheidenden Entwicklungsjahren unter solchem als disharmonisch empfundenem Verhältnis. Bei gestörtem Zuhause ist der junge Mensch weniger bereit und imstande, positive Wertvorstellungen von Eltern zu übernehmen, soziales Verhalten zu lernen; er entbehrt der

Geborgenheit; er sucht anderswo Ersatz; er findet ihn in **Cliquen Gleichaltriger,** deren Verhaltensweisen und Einstellungen er um so leichter übernimmt, als er Verhalten und Denken der Eltern ablehnt. Der Umgang mit außerfamiliären Gruppierungen an sich ist wichtig für die Sozialisation, indes auch Risiko: Günstige und ungünstige Einflüsse sind möglich. Familiäre Geborgenheit, ein als harmonisch empfundenes Verhältnis zu Eltern bedeutet einen gewissen Schutz gegen negative Einflüsse Gleichaltriger, einen stabilisierenden Faktor im Sozialisationsprozeß.
Die Analyse der Biographien von Fixern verdeutlicht solche Zusammenhänge: Über die Hälfte stammt aus unvollständigen Familien; bei gleich vielen waren Trinker in der Familie; fast alle entbehrten kontinuierliche Erziehung: Wechsel der Erziehungspersonen, Uneinheitlichkeit der Erziehungsstile zwischen den Eltern oder im zeitlichen Verlauf, Verwöhnung, Laisser-faire u. a. Überwiegend ist eine frühzeitige Entfremdung gegenüber der Familie, ein Prozeß zu früher Ablösung — **soziales »drop out«** — zu beobachten. Zwei Regelmäßigkeiten sind hierzu festzustellen:

1. Je intensiver der Rauschmittelumgang ist, um so öfter handelt es sich um Menschen aus unvollständigen oder innerlich zerrütteten Familien.
2. In zunehmendem Maß gelangen junge Menschen — und zwar je jünger, um so öfter — aus gestörten Familien zu extremem Rauschmittelmißbrauch.

Störungen im schulischen Bereich

Neben der Familie ist die Schule wichtigster Sozialisationsmittler. Störungen im schulischen Bereich kommt gleichfalls große Bedeutung in jugendkriminologischer Sicht zu. Der Anteil von Schulversagern ist unter delinquent auffälligen wesentlich höher als unter anderen Jugendlichen. Der Zusammenhang zwischen schulischen Sozialisationsstörungen und Rauschmittelumgang ist komplex: Vor- und außerschulische, insbesondere familiäre Sozialisationsmängel sowie Persönlichkeitsdispositionen, etwa Bequemlichkeitshaltungen, wirken sich nicht selten im schulischen Verhalten aus, so daß einem Versagen hier eher Symptomcharakter zukommt. Schulversagen kann aber auch durch das Schulsystem, durch Lehrer, Mitschüler und Unterrichtsbedingungen beeinflußt sein. Der Schüler findet infolge schulischen Versagens leichter Anschluß an ebenfalls in ihrer Persönlichkeits- und Sozialentwicklung gestörte Menschen — so an Rauschmittelkonsumenten. Der Cliquenanschluß, die Übernahme von Formen abweichenden Verhaltens, wie des Rauschmittelumgangs, können wiederum zurückwirken, schulische Schwierigkeiten vertiefen und vollends zum Abbruch der Schulausbildung führen.

Die Schülerbefragungen zeigen bereits in der Normalpopulation enge **Zusammenhänge zwischen Rauschmittelumgang einerseits, Schulschwänzen, Sitzenbleiben, schulischer Rückstufung und negativer Einschätzung des Verhältnisses zur Schule andererseits.** Störungen waren um so intensiver, je näher jemand den Rauschmitteln stand: am geringsten bei Rauschmittelkonsum ablehnenden Schülern, etwas stärker bei solchen, die Bereitschaft zu Rauschmittelumgang zeigten, bedeutend stärker bei gelegentlichen, am stärksten bei Dauerkonsumenten. Dieser Befund findet seine Entsprechung in den hohen Schulversagerquoten unter Fixern.

Hervorgehoben zu werden verdient, daß Jungen im allgemeinen, männliche Rauschmittelerfahrene im besonderen weitaus höhere Quoten von Klassenwiederholern und Rückgeschulten aufweisen. Hier dürfte sich vor allem ein erzieherisches Moment auswirken, wonach von Jungen grundsätzlich höhere Schulleistungen als von Mädchen erwartet werden und darüber hinaus auch häufiger der Besuch weiterbildender Schulen. Entsprechend größer ist das Risiko der Überforderung.

Auch sollte der Befund über die insgesamt hohen — bei Jungen verhältnismäßig höheren — Rückstufungsquoten im Zusammenhang mit Veränderungen in der Schulpolitik des letzten Jahrzehnts aufhorchen lassen. Hohe Zahlen vor allem aus Gymnasien in Real- und Hauptschulen Rückgestufter könnten auch eine Folge des wesentlich erleichterten Zugangs zum Gymnasium sein. Vergleichbares könnte sich künftig im universitären Bereich herausstellen. Dementsprechend mehren sich — will man nicht das Leistungsniveau höherer Schulen wesentlich senken — die Fälle der Überforderung und Mißerfolgserlebnisse, die sich dann im Sozialverhalten ungünstig auswirken. So wird zu Recht gefordert, Schülern nur die Schulart zuzumuten, deren Ziel sie mit großer Wahrscheinlichkeit erreichen können. Kriminelle Gefährdungen werden nämlich durch schulischen Mißerfolg vertieft.

Berufsausbildung und Beschäftigung

Das Fehlen oder Scheitern einer Berufsausbildung sowie unstetes Beschäftigungsverhalten gehören zum bekannten Bild fehlgehender Sozialisation junger Menschen. Bei jungen extremen Rauschmittelmißbrauchern treten diese Merkmale jedoch noch stärker in Erscheinung. Die starke Häufung des Versagens in einer Berufsausbildung bei Fixern wiegt besonders schwer, da vermutet wird, daß ein Scheitern einer versuchten Ausbildung — auch im Hinblick auf späteres delinquentes und kriminelles Verhalten — noch gefährdender ist als eine von vornherein ausgebliebene Ausbildung.

Der Zusammenhang zwischen scheiternder beruflicher Sozialisation und Rauschmittelumgang ist ebenfalls komplex. Es gibt Anzeichen da-

für, daß viele Rauschmittelabhängige teils von der Ausbildung — beispielsweise Anforderungen der Berufsschule — überfordert sind, teils ihre Möglichkeiten aus Unlust und mangelndem Durchhaltevermögen nicht voll nutzen. Bei allen, die bereits vor oder während ihrer Berufsausbildung mit dem Rauschmittelumgang begonnen hatten, wirkte er sich — insbesondere in Verbindung mit der Drogen-Szene — negativ auf die Ausbildung aus und führte zu rascherem Versagen. Die in der Drogen-Szene erlernte Haltung der Leistungsverweigerung und Abneigung gegenüber geregeltem Arbeits- und Alltagsverhalten dürften eine mindestens ebenso bedeutsame Rolle wie die psycho-physischen Wirkungen des Rauschmittelmißbrauchs selbst für das berufliche Scheitern spielen. Nach ihren Schilderungen zeigten sich Befragte im Laufe der Rauschmittelkarriere nicht mehr imstande, kleinste Konflikte in der Lehre oder Berufsschule durchzustehen. Schon vorhandene Frustrationsintoleranz steigerte sich; Bummeln, Lustlosigkeit, Protest gegen Anforderungen jeder Art, Streit und mangelndes Sinnerleben machten eine Ausbildung für Ausbilder und Auszubildende unerträglich. Erneut zeigt sich damit ein sich wechselweise stimulierender Prozeß, bei dem ungünstige Prädispositionen den schulischen und beruflichen Bereich der Sozialisation ungünstig beeinflussen. Solche jungen Menschen schließen sich in der Folge Rauschmittelcliquen an und werden im Zuge des Rauschmittel- und Szene-Umgangs dann noch stärker und schneller in ihrer schulischen und beruflichen Situation beeinträchtigt. Letzte Möglichkeiten einer doch noch gelingenden Sozialisation werden verbaut — soziales »drop out«. Daß eine solchermaßen vorzeitig gescheiterte berufliche Ausbildung bereits vorhandene oder einsetzende kriminelle Entwicklungen forciert und späteres Rehabilitations- bzw. Resozialisationsbemühen um Rauschmittelabhängige zusätzlich schwer belastet, liegt auf der Hand.
Auch ist zu befürchten, daß sich die Chancen für eine Rehabilitation rauschmittelabhängiger junger Menschen nach medizinischer und sozialtherapeutischer Behandlung nunmehr durch die gegenwärtig schlechte Arbeitsmarktlage weiter mindern. Sind diese Menschen schon in ihrem bisherigen sozialen Werdegang weitgehend gescheitert, so wird sie erst recht der jetzige **Mangel an Ausbildungs- und Arbeitsstellen** treffen. Darüber hinaus ist zu befürchten, daß sich die anhaltend hohe allgemeine **Arbeitslosigkeit** auf längere Sicht als **Auslöser oder Verstärker für Ausweich- und Resignationshaltungen,** für Alkohol- und Rauschmittelsuchten auswirken wird.

Freizeitverhalten und frühe sexuelle Beziehungen

Rauschmittelumgang erfolgt — zumindest bei Schüler-Konsumenten und zu Beginn ausgesprochener Rauschmittelkarrieren — in der Freizeit. So wird mitunter Haschisch — freilich schönfärbend — als »Frei-

zeitdroge« apostrophiert. Auch hier deutet sich die Parallele zur Jugendkriminalität insgesamt an, die sich ja im wesentlichen als abweichendes Freizeitverhalten darstellt.
Junge Rauschmittelkonsumenten im allgemeinen und Rauschmittelabhängige im besonderen weisen vergleichsweise geringere sinnvolle, die Person erfassende und erfüllende, zum persönlichen und sozialen Reifen beitragende freizeitgestaltende Beschäftigungen und Interessen auf. Schon in der Zerrüttung vieler Familien zeichnet sich dieser Weg fehlender sinnvoller Freizeitgestaltung vor, denn junge Menschen aus gestörtem Milieu haben weniger Gelegenheit und Anregung, Freizeit in und mit der Familie zu gestalten. Viele Befragte äußerten, sie hätten mit ihren Eltern kaum Gemeinsamkeiten in der Freizeit gehabt; die Eltern hätten sich nie vom Fernsehen abhalten lassen, seien durch beidseitige Berufstätigkeit oder Zwiste in der Ehe an Gemeinsamkeiten mit den Kindern gehindert gewesen.
Bestehen demnach nur bei wenigen jungen Menschen dieser Population familiäre Bindungen und freizeitausfüllende Interessen, so liegt es auf der Hand, daß solche Menschen versuchen, dieses Vakuum an Bindungen, Interessen und Gestaltung in anderer Weise auszufüllen. Sie suchen Anschluß bei anderen Gesellungen und Möglichkeiten anspruchsloserer Freizeitausfüllung, die dennoch vordergründige Erfolgserlebnisse, Zugehörigkeitsgefühl, den Anschein von Geborgenheit vermitteln. Dieses mag eine vielleicht negativere Interpretation dessen sein, was andere Untersucher positiver deuten in dem Sinne, vor allem Haschischkonsumenten seien geselliger, kontaktfreudiger, Rauschmittelabstinente hingegen eher einsam oder gestört.
Ein Symptom dieser Orientierung an Gruppierungen mit weniger anspruchsvoller Freizeitgestaltung und größerer Gefährdung ist das von Rauschmittelnehmern der befragten Schüler erheblich öfter erwähnte Aufsuchen von Diskotheken. Dort und in anderen, entsprechenden Gruppierungen mangelt es an jeglicher gegenseitiger Kontrolle junger Menschen, wiewohl sonst in Freizeitgruppen Jugendlicher — Sportvereinen, kirchlichen Gruppen, Häusern der Jugend — soziale Kontrolle untereinander und durch Ältere stattfinden kann. In den hier bezeichneten Lokalen finden sich vorzugsweise dissoziale junge Menschen und Cliquen; dort können sich leichter als im familiären Bereich und in öffentlich kontrollierten Freizeiteinrichtungen dissoziale Verhaltensweisen ausbreiten. Je stärker junge Menschen ihren Freizeitumgang auf solche Orte und Gruppierungen verlegen, um so größeren Risiken setzen sie sich aus. So sind bestimmte Diskotheken und ähnliche Lokale vor allem um 1970 Haupttreffpunkte von Rauschmittelnehmern und Dealern gewesen. Das Risiko ist geringer bei etwas älteren Jugendlichen, die in ihrem Freizeitverhalten und in ihren persönlichen Beziehungen schon gefestigter sind. Am stärksten kommt dies in der Schülerbefragung bei den 13/14jährigen zum Ausdruck. Unter ihnen gaben

64,3% der Rauschmittelerfahrenen, aber nur 1,6% der Unerfahrenen an, der beste Freund oder Bekannte nehme Rauschmittel.
Befragte Fixer erwähnten, daß sie im Laufe ihrer Rauschmittelkarriere, spätestens in der Fixer-Phase, etwaige vorher gepflegte Hobbies — wie Sport, Musizieren, Schachspiel — endgültig aufgegeben hätten. Ohnehin vorhandenes mangelndes Durchhaltevermögen, Rauschmitteleinflüsse, aber wiederum auch Einflüsse der neuen Bezugsgruppen in der Drogen-Szene stehen solchen Freizeitgestaltungen im Wege. Rauschmittelumgang wird von einem Freizeitverhalten zu einem freizeitbeherrschenden und schließlich den gesamten Alltag einnehmenden Verhalten. Das Leben in der Drogen-Szene verlangt ausschließlich Anpassung; es lähmt also individuelles Gestalten.
Es liegt nahe, noch möglichen Zusammenhängen zwischen Sexualität und Rauschmittelumgang nachzugehen, denn beide Verhaltensweisen setzen im Rahmen des gegenwärtigen, epidemisch verlaufenden Rauschmittelumgangs in der gleichen Entwicklungsstufe Jugendlicher ein: Sie geschehen in der Freizeit, außerhalb des familiären Bereichs, heimlich, unter Gleichaltrigen und berühren Tabuzonen. Allgemein ist nach der Schülerbefragung zur Sexualität Jugendlicher festzustellen, daß unter den heute um 15jährigen mit sexuellen Erfahrungen meistens Schüler der Hauptschulen, weniger Realschüler, am geringsten Gymnasiasten vertreten sind und daß ferner unter den 13/14jährigen Schülern mehr Jungen als Mädchen bereits Geschlechtsverkehr haben. Mit einem Sinken des Durchschnittsalters erster Geschlechtsbeziehungen kann bei Jugendlichen gerechnet werden.
Nach den Untersuchungen ergeben sich drei Arten von **Zusammenhängen zwischen Rauschmittelumgang und Sexualität:**

1. Je näher jemand dem Rauschmittelumgang steht bzw. je intensiver jemand Rauschmittel nimmt, um so öfter hat er schon Geschlechtsverkehrserfahrung.
2. Je näher jemand dem Rauschmittelumgang steht bzw. je intensiver er Rauschmittel nimmt, um so früher beginnt er, intime sexuelle Beziehungen einzugehen.
3. Je intensiver die Rauschmittelerfahrung eines Jugendlichen ist, um so häufiger wechselt er seine Sexualpartner, um so größer sind seine heterosexuellen Erfahrungen und Praktiken.

Der Zusammenhang beider Erscheinungen kann zunächst darauf beruhen, daß die allgemeine soziale Disponiertheit dieser Population frühe sexuelle Beziehungen und frühen Rauschmittelumgang gleichermaßen begünstigt; zu nennen sind Spannungen, Zerrüttungen und geringe soziale Kontrolle in den Familien sowie die frühe Orientierung an Außengruppen.
Besonders bei **weiblichen Rauschmittelkonsumenten** zeigt sich bald aber eine wechselseitige Beziehung zwischen beiden Erscheinungen.

Deutlich liegen bei ihnen erster Rauschmittelumgang und erster Geschlechtsverkehr öfter zeitlich beieinander. Hier spielt eine frühe Orientierung von Mädchen am Verhalten eines Partners eine Rolle. Im Laufe sich intensivierender erster sexueller Bindungen ist das junge Mädchen eher bereit, Verhaltensweisen des Partners — wie Rauschmittelumgang — zu übernehmen. Diese Bereitschaft ist besonders groß, wenn das Mädchen auch zum Geschlechtsverkehr bereit ist und im Rahmen dieser Bindung ohnehin an ein größeres Maß heimlichen Tuns gegenüber der Familie gewöhnt ist. Daraus erklärt sich beispielsweise, daß weibliche Fixer einen durchschnittlich wesentlich kürzeren Weg vom ersten Rauschmittelumgang über die erste Injektion bis in die Rauschmittelabhängigkeit, aber auch zu schwereren Kriminalitätsformen und alltagsausfüllender Delinquenz zurücklegen als männliche Fixer. Ihre männlichen Partner sind meist etwas älter und schon weiter fortgeschritten in der Rauschmittelkarriere und Kriminalitätserfahrung. Mädchen sind zwar stärker als Jungen »bürgerlichen Vorstellungen« verhaftet; im Rahmen erster Intimbeziehungen sind sie jedoch geneigter, solche Vorstellungen aufzugeben, Tabus zu brechen. In der großen Überzahl sind sie gegenüber den wichtigsten Formen abweichenden Verhaltens — so auch des Rauschmittelumgangs — widerstandsfähiger. Lockert sich aber erst einmal ihre Bewahrtheit und Standhaftigkeit im Zuge frühen sexuellen Umgangs, kann über den jeweiligen Partner eine Reihe mit dem Risiko des Verwahrlosens verbundener Verhaltensweisen übernommen werden. Dies ließe sich auf die Formel des Sprichworts bringen: »Und ist der Ruf erst ruiniert, dann lebt sich's gänzlich ungeniert«. Damit stellt sich heraus, daß bei Mädchen erster Rauschmittelumgang anders als etwa erster Alkohol- und Nikotinumgang regelmäßig in einem engen Zusammenhang mit frühsexuellen Partnerschaften zu sehen ist und daß Mädchen offenbar häufig — anders als Jungen — erst mittelbar über heterosexuelle Beziehungen in Rauschmittelcliquen und in das Drogenmilieu gelangen. Der dargestellte Zusammenhang von Rauschmittelumgang und Sexualverhalten bei einem Teil weiblicher Rauschmittelkonsumenten zeigt, daß dem Tabu zu früher sexueller Beziehungen durchaus eine Schutzfunktion für junge Menschen zukommt, die noch persönlichen und sozialen Reifens bedürfen, um gegenüber den geschilderten Risiken gefeiter zu sein.

III. Kapitel

Die Drogen-Szene — eine kriminogene Subkultur

Wurde bisher dargestellt, welche Umstände junge Menschen veranlassen können, sich aus sozialen Primärbindungen zu lösen und sich Gruppierungen Gleichaltriger zuzuwenden, so soll nun der Vorgang dieser Neuorientierung in dem Milieu, welches sich als »Drogen-Szene« versteht, untersucht werden. Diesen Vorgang und dieses Milieu zu beschreiben und zu deuten, bietet sich als soziologischer Bezugsrahmen das Subkulturmodell an. Subkultur kann als Teilkultur bezeichnet werden, die sich von der Gesamtkultur merklich abhebt. Als unterscheidende Merkmale gelten etwa Habitus, Verhaltensmuster, Einstellungen, Jargon oder Aufenthaltsorte.

Das Subkulturmodell als beschreibender und erklärender Bezugsrahmen

Bei aller Vielfalt des Subkulturverständnisses darf man als gemeinsame und bahnbrechende Erkenntnis dieses Ansatzes erachten, daß sich bestimmte Formen sozial abweichenden Verhaltens — insbesondere bei jungen Menschen — nicht in Vereinzelung, regellos, strukturlos abspielen, vielmehr in Gruppen oder Cliquen, in bestimmten Milieus, nach Handlungsmustern, mehr oder weniger regelhaft organisiert. Eine Fülle von Anzeichen deutet darauf hin, daß die Drogen-Szene in dieser Hinsicht eine Subkultur, ein strukturiertes Milieu darstellt, in welchem Einstellungen und Verhaltensmuster erlernt werden können.
Das Subkulturmodell dient hier in erster Linie als soziologischer Rahmen zur Beschreibung der Drogen-Szene und nur in zweiter Linie der Erklärung. Keinesfalls bietet es ein umfassendes theoretisches Konzept zur Erklärung des Rauschmittelumgangs und der Kriminalität. Die zuvor aufgezeigten Einflußgrößen zeigen bereits, daß eine ausschließlich kriminalsoziologische oder gar subkulturtheoretische Betrachtung dem Phänomen des Rauschmittelumgangs und der Kriminalität junger Menschen nicht gerecht werden könnte. Immerhin gibt es auch junge Menschen, die allein — jedenfalls außerhalb der Drogen-Szene — Rauschmittel mißbrauchen oder kriminell werden; und es gibt andere, die zwar in Gruppen Rauschmittel nehmen, sich aber nicht in die Dro-

gen-Szene total einbeziehen lassen und keine kriminellen Neigungen entwickeln. Wohl aber kann der Subkulturansatz die Analyse von Strukturen, Normen und Verhaltensweisen in der Drogen-Szene erleichtern. Er vermag überdies, das sozialepidemische Moment des Rauschmittelumgangs, die Typizität der Umgangs- und Kriminalitätsformen, manches von dem, was von der Person und dem Primärmilieu der Konsumenten oder den Rauschmitteln selbst her nicht erklärlich erscheint, verständlich zu machen und läßt letztlich besondere therapeutische Schwierigkeiten, die sich aus der Milieubindung ergeben, erkennen.

Aus der nur partiellen Abweichung der Subkultur folgt, daß eine ständige Auseinandersetzung mit der herrschenden Kultur im Hinblick auf das Abweichen stattfindet. Diese wechselseitige dynamische Auseinandersetzung beeinflußt die Entwicklung vor allem der Subkultur, mitunter auch die der Hauptkultur. Sie führt im äußersten Fall dazu, daß die Subkultur in der herrschenden Kultur aufgeht, daß die Grenzen zumindest undeutlich werden, oder aber dazu, daß eine dauerhafte starke Spannung und Polarisierung zwischen Haupt- und Subkultur entsteht. Eine Subkultur, die in entscheidenden Verhaltensweisen grundlegenden Regeln der Hauptkultur widerspricht, wird zwangsläufig zu dieser Auseinandersetzung führen. Dies ist bei der Drogen-Szene der Fall, schon wegen des entscheidenden verbotenen Rauschmittelumgangs, im übrigen bei jeder stark mit delinquenten Verhaltensweisen verbundenen »kriminellen« Subkultur. Man kann insoweit von einer Konflikt-Subkultur sprechen und diese absetzen von konformen Subkulturen, beispielsweise religiösen Sekten. Struktur und Entwicklung der Drogen-Szene sind jedenfalls nur zu verstehen, wenn man die Auseinandersetzung mit der Öffentlichkeit und ihren Organen mit einbezieht, wozu die öffentliche Meinung, die Massenmedien sowie die beteiligten Instanzen formeller sozialer Kontrolle gehören.

Die Intensität subkultureller Eigenheit ist nach Art und Dauer des Abweichens von Merkmalen der Hauptkultur unterschiedlich. Die meisten Subkulturen dürften Freizeitsubkulturen sein. Es ist sogar zu vermuten, daß um so mehr Subkulturen zunächst als Freizeitsubkulturen entstehen, je mehr Freizeit, von der Gesellschaft nicht beanspruchter, nicht kontrollierter Freiraum besteht. Das dürfte am stärksten in offenen Gesellschaftsordnungen, bei gesellschaftlicher Desorganisiertheit, mangelnder Solidarität, in kulturellen Umbruchzeiten — wie der gegenwärtigen Epoche — und in Übergangsphasen der persönlichen Entwicklung — vor allem dem Jugendalter — sein. So ist auch für die meisten zumindest peripher der Drogen-Szene Zugehörigen das entsprechende Verhalten nicht lebens- und alltagsbestimmend. Sie pendeln zwischen ihrem Alltagsleben in herkömmlichen Bahnen und gesellschaftlichen Bindungen auf der einen, gelegentlicher Teilhabe am subkulturellen Leben auf der anderen Seite. Selbst bei überwiegend kriminellen Subkulturen — z. B. Rocker- und Zuhältermilieus — spielt sich die subkulturelle Betätigung oft nicht zentral in der Lebensführung ab. Bei einigen Subkulturen im ganzen und im Kernbereich anderer Subkulturen beherrscht die subkulturelle Bindung und Betätigung jedoch den Alltag und die gesamte Lebensführung. Dies ist etwa bei rauschmittelabhängigen Fixern und Zugehörigen von Rauschmittel-Kommunen in der Drogen-Szene der Fall. Unterschiede der Intensität subkultureller Verfestigung und Bindung ergeben sich ferner unter dem Gesichtswinkel einer Alters- und Phasengebundenheit der Zugehörigkeit. Manche Subkulturen — etwa solche auf ethnischer oder psychosexueller Basis, wie Zigeuner- oder Homosexuellenkreise — sind altersunabhängig; andere sind typischerweise auf bestimmte Altersstufen beschränkt — beispielsweise jugendliche Banden. Die moderne Drogen-Szene scheint zunächst der letzteren Art zu entsprechen, könnte indes mit der Zeit auch über eine Altersstufenbeschränkung hinausgehen. Hinsichtlich des Phänomens der Drogen-Szene ist der Subkulturbegriff weiterzufassen als es gelegentlich in der angelsächsischen Kriminalsoziologie geschieht, die ihn auf konkrete jugendliche Banden der Unterschicht — vornehmlich in großstädtischen Slums — beschränkt. Subkultureller Bezug besteht in der Drogen-Szene auf zwei Ebenen: Einmal spielt sich das Leben in der Drogen-Szene in einzelnen Bezugsgruppen von wenigen Personen — Cliquen, peer groups — ab. Hier vollziehen sich die wichtigsten Lern- und Anpassungsabläufe. Zum anderen besteht ein Bezug zum übergreifenden Gesamtmilieu der Drogen-Szene. In wesentlichen Merkmalen gleichen die Cliquen einander; wichtige Einstellungen, Verhaltensformen und Entwicklungen sind unabhängig von der einzelnen Clique im Gesamtmilieu geprägt. Beobachtern fällt immer wieder die ausgezeichnete Kommunikation der Drogen-Szene — unabhängig von der einzelnen Clique — auf; es scheint ein — wenn auch vages — Bewußtsein der Zugehörigkeit zu diesem Gesamtmilieu zu geben. Auch läßt sich für die Drogen-Szene eine Schichtenbegrenzung nicht feststellen, wie es überhaupt Subkulturen gleichfalls in mittleren und höheren Gesellschaftsschichten geben mag, solche, die nicht unbedingt auf bestimmte Schichten oder gar die Unterschichten begrenzt sind — man denke etwa an religiöse Sekten und kriminelle Gruppierungen politischer Terroristen; es lassen sich sowohl schichtgebundene als auch schichtneutrale Subkulturen denken.

Abzugrenzen ist der hier angewandte Subkulturbegriff gegenüber Begriffen, die politisch-ideologisch oder allgemeiner jugend-soziologisch konzipiert sind. In solchen Konzepten wird etwa nach progressiven und regressiven Subkulturen unterschieden, **die** Jugend als Klasse und Subkultur verstanden oder nur eine bestimmte historische Erscheinung und Bewegung in der Jugend als Subkultur oder Gegenkultur angesehen.

Im folgenden werden nun einige Merkmale herausgestellt, welche die Drogen-Szene als kriminogene Subkultur begreifen lassen.

Entwicklung der Drogen-Szene

Die Entwicklung der Drogen-Szene läßt sich schematisiert in drei Phasen einteilen: die eigentliche Entstehungsphase mit den Infektionsherden, die makro-epidemische, ideologische Phase sowie die spätere Phase des Seßhaftwerdens der Subkultur und ihrer Verschmelzung mit anderen Subkulturen.

Der »Stammbaum« sowohl einzelner Rauschmittelmißbraucher als auch ganzer Cliquen und örtlicher Drogen-Szenen läßt sich zurückverfolgen bis hin zu einigen wenigen **Entstehungszentren**, von denen der Ansteckungseffekt ausging. Um im Bild des der Sozialmedizin entlehnten Modells einer Epidemie zu bleiben, kann man von **Ansteckungsherden** sprechen. Solche Keimzellen einer Epidemie bestehen zunächst oft lange Zeit ohne Expansionstendenz. In dieser noch endemischen Entstehungsphase sind sie jedoch als latente Herde, als wichtige Voraussetzung einer Epidemie anzusehen. Es bedarf gewisser Impulse, schwer durchschaubarer sozialer Bedingungen, vor allem einer Aufnahmebereitschaft in gefährdeten Teilen der Bevölkerung, um aus einer endemischen eine epidemische Erscheinung werden zu lassen. Diese Ausweitung kristallisiert sich aber zunächst um solche Herde.

Das Zwischenstadium, die Übergangszeit von der endemischen zur epidemischen Phase, könnte man als mikro-epidemische Phase kennzeichnen. In ihr ist zu beobachten, daß sich etwa zu gleicher Zeit den bisherigen Entstehungszentren cliquenhaft weitere Keimzellen einer späteren Epidemie zugesellen und die bisherigen Herde beginnen, andere Personen einzubeziehen. Erst in einer späteren — der eigentlichen epidemischen — Phase tritt ein Masseneffekt ein: Über bisherige kleinere vereinzelte Entstehungszentren, die für sich kleine Subkulturen darstellen mögen, hinaus entsteht eine soziale Bewegung, ein über die einzelnen, sich mehrenden Gruppierungen von Rauschmittelnehmern greifendes Milieu, die Drogen-Szene.

Im deutschen Bereich — ähnlich der vorangegangenen Entwicklung in angelsächsischen und skandinavischen Ländern — müssen zuallererst durchreisende und heimische Jazz- und Beat-Musiker-Ensembles als wichtige spätere Ansteckungsherde genannt werden. Die »Beatles« selbst nahmen bereits in ihrer frühen Hamburger Zeit Weckmittel, später dann Haschisch und LSD. Da Rauschmittelumgang eine sich mit dem modischen Trend der Musik und mit dem sonstigen Auftreten solcher Musikergruppen und Unterhaltungskünstler eng verbindende Attitüde wurde, ging sie auf viele Amateurensembles sowie auf die »Fans« und »Groupies« — Anhänger der modischen Musikergruppen — und weiterhin auf Mitarbeiter und »Troß« der Ensembles über. Der

Übertragungseffekt war besonders stark anläßlich ekstatischer Massenveranstaltungen mit favorisierten Beat- und Pop-Musikbands bei Jugend-Festivals. Von Managern und Schallplattenproduzenten wurde diese Attitüde nach Kräften gefördert. In solchen Personenkreisen und Cliquen waren schon um die Mitte der sechziger Jahre auch erste Fixer anzutreffen. Bezeichnenderweise entwickelten sich in jener Phase zahlreiche Beat-Diskotheken zu wichtigsten Zentren des Rauschmittelumgangs.

Weniger leicht zu lokalisieren und als Entstehungsherde der Epidemie einschätzbar sind einige Bohème-Zirkel von Intellektuellen. In ihnen verkehrten manche Künstler, Schauspieler, Schriftsteller, Journalisten und gingen mit Aufputschmitteln und Halluzinogenen um — wie ehemals die Bohème von Paris um Baudelaire im vergangenen Jahrhundert mit Haschisch und Opium oder Berliner Künstlerkreise in den zwanziger Jahren mit Kokain.

Gleichfalls ist das Prostituierten- und Zuhältermilieu in großstädtischen Vergnügungsvierteln als Ansteckungsherd anzusehen. Prostituierte benutzten seit vielen Jahren sozusagen als »Berufsdrogen« bestimmte Weck- und Schlankheitsmittel. Sie, einige ihrer in- und ausländischen Besucher, manche Zuhälter sowie Kellner und Portiers entsprechender Lokale nutzten den sich ausweitenden Rauschmittelumgang für profitträchtige Geschäfte. Entsprechende Stoffe wurden ihnen aus pharmazeutischen Werken durch dortige Mitarbeiter oder aus dem Ausland verschafft. Bezeichnenderweise kannten zwei befragte Fixer derartige Gepflogenheiten von ihren Müttern.

Auch wurde berichtet, man habe schon früh Erfahrungen im Gebrauch von Halluzinogenen sowie in Formen des Schmuggels und Schwarzhandels von Hafen zu Hafen über die Seefahrt gesammelt. Bordcliquen Erfahrener führten junge Matrosen in die Gepflogenheiten ein. Neulinge stießen z. B. in Los Angeles, Casablanca oder Kapstadt, später in der Heimat an betreffenden Orten auf ebenfalls erfahrenes oder interessiertes Publikum.

Rauschmittelkonsumierende Cliquen junger Menschen und Ansteckkungsherde mit Auslandsbezug bildeten sich in großem Ausmaß über den Reiseverkehr der »Gammler«- und »Hippie«-Bewegung. Junge Leute brachten Rauschmittelsitten aus anderen Ländern mit. Zwischen 1965 und 1968 entwickelten sich geradezu eine Art Gammlerpfade. Außer Routen in die angelsächsische Hippie-Welt zeichneten sich beliebte Reisewege ab zwischen Stockholm, Kopenhagen, Amsterdam, Hamburg, Berlin, Frankfurt, München, Wien, Istanbul. In allen Großstädten an diesen Pfaden gab es Treffpunkte internationalen Zuschnitts für Gammler. Diese Reisebewegung und ihre Internationalität leiten unmittelbar in die epidemische Phase des inländischen Rauschmittelumgangs junger Menschen über.

Auslandsbezüge waren weiterhin gegeben durch einige hiesige Gruppierungen und Treffpunkte von Gastarbeitern und Kaufleuten aus südosteuropäischen, vorderasiatischen und arabischen Ländern, in denen sich fremdländische Rauschmittelsitten fortsetzten, die dann auf Einheimische ausstrahlten und Verbindungen für den Stoffnachschub erleichterten. Solche Ansteckungsherde stellten in Zentren wie Frankfurt und Heidelberg ferner Cliquen rauschmittelnehmender Soldaten der Stationierungsstreitkräfte dar.

Erwähnt sei schließlich der Rauschmittelumgang in Kerngruppen studentischer Protest- und Demonstrationsteilnehmer bis zum Höhepunkt dieser Welle 1968. Manche Dauerdemonstrierer nahmen regelmäßig und oft übermäßig Aufputschtabletten, um durchhalten zu können. Sie bezogen Jugendliche aus anderen Milieus ohne Erläuterung der politischen Ziele in Aktionen ein und gaben an sie mitunter Drogen ab. In der bald folgenden epidemischen Phase gewann dieser Drogenumgang einen Bezug zum üblichen Rauschdrogenmißbrauch.

Seit etwa 1967/68 wurde der Rauschmittelumgang hierzulande eine Massenerscheinung; die **makro-epidemische Phase** setzte ein. Zunächst in einigen Großstädten, dann in mittleren Städten und ländlichen Gegenden bildeten sich überall Cliquen junger Rauschmittelnehmer, vornehmlich solcher, die Modedrogen — Haschisch und LSD — nahmen, zugleich aber auch solcher, die sich Stoffe injizierten. Zwischen den Cliquen entstanden rasch Kontakte. Die Zugehörigen verbanden Gemeinsamkeiten modischer, gedanklicher oder anderer Art. Sie fühlten sich einer »Drogen-Szene« zugehörig oder nahestehend und fanden sich in größeren Gruppierungen zusammen, oft an allseits bekannten Szene-Treffpunkten. Aus privaten Zirkeln und Räumlichkeiten begaben sie sich bald in die Öffentlichkeit.

Wenn man in dieser Phase von einer die Massenausweitung tragenden **Ideologie** sprechen kann, so geht dies auf einige erwachsene Intellektuelle zurück, die den Rauschmittelumgang propagierten oder doch beschönigten, ihm eine geistige, künstlerische oder religiöse Bedeutung zuzuschreiben versuchten, einzelnen Modedrogen unter Verkennung oder Verdrängung ihrer Risiken angeblich »bewußtseinserweiternde«, »kreativitäts-« und »kommunikationsfördernde« Wirkungen zuerkannten, jungen Rauschmittelnehmern das Bild einer neuen, progressiven Generation suggerierten und sie gegenüber einem angeblich verständnislosen, lediglich auf repressive Reaktion bedachten »Establishment« der Erwachsenen in Schutz nahmen. Stellvertretend sind die Schriften und Werbespots des als »High Priest« und »Spiritus Rector der amerikanischen Drogensubkultur« apostrophierten Timothy Laery und jene seines deutschen Rezeptors Ronald Steckel zu nennen. Wichtiges Motiv oder bedeutende Rechtfertigung für viele Konsumenten von Halluzinogenen wurde die Suche nach der verheißungsvollen »psychedelischen« Lebensweise, dem Leben mit erweitertem Bewußtseins- und Seelenhorizont. Daß intellektuellen Schrittmachern einer solchen Be-

wegung erhebliche Teile einer ganzen Generation in vielen Ländern kritiklos folgten, bleibt ein für künftige Erscheinungen und ihre sozialpädagogische Bewältigung lehrreiches Beispiel.
Eng mit dieser Ideologie der Bewußtseinserweiterung war eine **politisch-gesellschaftskritsche Protesthaltung** verwoben. Rauschmittel wie Haschisch gewannen eine bedeutende, wenn auch bald innerhalb der »Linken« — beispielsweise der »Außerparlamentarischen Opposition« — in der jungen Generation umstrittene Rolle. Die Einstellung zum Wert der Rauschmittel als Mittel der Gesellschaftsänderung war ambivalent. Manche befürchteten eine Vereitelung revolutionärer Ziele, andere erblickten in Rauschmitteln ein Mittel zur Gesellschaftsänderung. Unter den Befürwortern waren wiederum zwei Richtungen zu unterscheiden: Die eine versprach sich von Halluzinogenen einen Prozeß gesellschaftlicher Bewußtseinsbildung als Vorstufe der Gesellschaftsänderung, der Beseitigung von dem Kapitalismus zugeschriebenen Strukturen, von Zwängen und Abhängigkeiten. Die andere praktizierte einfach eine Art Gegengesellschaft der Passivität mit Hilfe von Rauschmitteln; hier vereinten sich resignierende Teilnehmer früherer Demonstrationsgeschehen. Diese lediglich in Kerngruppen politisch aktiver junger Menschen intellektuell reflektierte Haltung wurde dann aber für viele andere zur bloß verbal übernommenen Rechtfertigung des Rauschmittelgebrauchs.
Für die epidemische Ausweitung war es auch ein bedeutsamer Faktor, daß sich die — wie immer im einzelnen begründete — Rauschmittel- und Protestideologie von Anfang an mit Elementen der Kunst, Musik, Mode, religiösen Mystizismen und des Sexuellen zu einem Konglomerat einer **Pop-Kultur** zu verbinden verstand, wodurch sie leicht Aufnahmebereitschaft und entsprechende Gestimmtheit unter Jugendlichen weckte.
Ein weiterer für die epidemische Ausweitung des Rauschmittelumgangs wichtiger Faktor dürfte in Einflüssen von **Massenkommunikationsmitteln** liegen. Keine Zeitung hat sich das Rauschmittelthema entgehen lassen. Massenmedien haben zu Information und Meinungsbildung bei Rauschmittelnehmern, potentiellen Konsumenten und Rauschmittelgegnern von Anfang an beigetragen. Kaum ein soziales Phänomen oder Problem, kaum ein Elend auch war bisher so telegen wie das der Drogen-Szene. Annähernd proportional zu Wachstum und Rückgang des tatsächlichen Rauschmittelumgangs wuchs das Interesse der Massenmedien und nahm es später wieder ab. Schon aufgrund der Quantität der Darstellung und Erörterung dieser Erscheinung liegt es nahe, einen inneren Zusammenhang zwischen dieser Erscheinung und der Medienberichterstattung anzunehmen, in ihr einen wesentlichen Förderer der epidemischen Phase zu erblicken. Andererseits hat man es bekanntermaßen bei möglichen Zusammenhängen zwischen Massenmedien und bestimmten Erscheinungen sozial abweichenden Verhal-

tens, vor allem der Kriminalität, mit einem äußerst komplexen Geschehen zu tun.

Es ist durchaus möglich, daß zum Teil jedenfalls auch die öffentliche Auseinandersetzung mit dem Problem und durch staatliche oder private Institutionen geförderte Aufklärungs- und Abschreckungsaktionen in der epidemischen Phase ein stimulierender Faktor waren. Durch die breite öffentliche Diskussion wurden viele junge Menschen erst aufmerksam. Randgruppen von Rauschmittelkonsumenten gewannen für manchen an Attraktivität. Besonders skeptisch sind Auswirkungen von Aufklärungsaktionen mindestens dort zu bewerten, wo sie mit Mitteln der Abschreckung, Übertreibung, mangelnden Wissenschaftlichkeit oder Einseitigkeit arbeiteten und sich nicht auf eingrenzbare, unterschiedlich ansprechbare und problembezogene Zielgruppen konzentrierten. Gruselgeschichten, pauschale Urteile und Warnungen sowie die Verbreitung von Halbwahrheiten bewirkten vermutlich in der sich polarisierenden öffentlichen Diskussion Mißtrauen auf der Seite aufnahmebereiter und beginnender Konsumenten, eine Solidarisierung vieler Jugendlicher mit den Außenseitergruppen der Drogen-Szene und gegen erwachsene Warner. Eher stimulierend wirkte sich beispielsweise auch der Einsatz ehemaliger — meist tatsächlich noch rauschmittelnehmender — Süchtiger als Aufklärer und Mahner aus.

Letztlich leistete die zu Beginn der makro-epidemischen Phase noch größere Verfügbarkeit modischer Rauschmittel einen wesentlichen Beitrag zur Ausweitung. Die makro-epidemische Phase kann zumindest im Beginn zugleich als die Phase bezeichnet werden, in welcher Moderauschmittel am leichtesten erhältlich, praktische Prohibitionsbemühungen noch am schwächsten entwickelt waren. Treffen **Verfügbarkeit und Aufnahmebereitschaft** zusammen, ist mit entsprechend größerer Ausweitung zu rechnen. Erfahrungen mit sozialepidemischen Mißbrauchserscheinungen in mehreren Ländern zeigen, daß Prohibitionsbemühungen am ehesten Erfolg verheißen, wenn sie im Anfangsstadium der Epidemie energisch durchgesetzt werden, ehe eine Vielzahl schwer Rauschmittelabhängiger dauerhafte soziale Infektionsherde bildet. Gelingt es nicht, eine Epidemie rechtzeitig einzudämmen, steigt das Risiko späterer endemischer Verfestigung und Perpetuierung entsprechender Verhaltensweisen und Milieus.

In der Entwicklung hierzulande läßt sich seit geraumer Zeit eine derartige **Tendenz endemischer Verfestigung** andeutungsweise erkennen:

Zum einen dürften Bemühungen, die Epidemie einzudämmen, insgesamt mitbewirkt haben, daß die Drogen-Szene keine starke Anziehungskraft mehr ausübt. Der Neugier- und Modeumgang mit Rauschmitteln klingt ab. Die Solidarisierung zwischen größeren Teilen der jungen Generation und Außenseitergruppen von Rauschmittelnehmern ist unterbrochen. Zum anderen bleibt ein verhältnismäßig großer Teil bereits schwer Rauschmittelabhängiger übrig. Dieser durchaus erweiterungsfähige Kern zieht sich hier und da aus der öffentlichen Drogen-Szene in private Bereiche, in die Anonymität zurück. Die schon bei der Entwicklung jedes einzelnen Abhängigen beobachtbare Vereinzelungs- und Vereinsamungstendenz gilt ähnlich für die Gesamtszene. Auch schwinden allmählich die Konturen einer als solcher erkennbaren Drogensubkultur in diesem Kernbereich Rauschmittelabhängiger. Es verbinden sich zunehmend eigenständig erscheinende andere kriminelle Subkulturen mit der Restpopulation der Drogen-Szene. Diese Entwicklung ist ein wichtiger Aspekt einer Kriminalisierung der Drogen-Szene. Mit der Verkleinerung der Szene nach der Zahl der Konsumenten geht ihre qualitative Verhärtung und Veränderung einher. Diese Entwicklung könnte mit der Zeit — in kleinerem Ausmaß — zu »amerikanischen Verhältnissen« führen: Rauschmittelabhängigkeit und Kriminalität sind dann wesentliche Bestandteile eines kriminellen Gesamtmilieus, jedoch nicht mehr in den Erscheinungsformen, Personengruppen, Verhaltensweisen, Motivationen abgrenzbar. Dieser **Annäherungs- und Verschmelzungsprozeß krimineller Subkulturen** mit der Drogen-Szene bahnte sich schon in der späteren epidemischen Phase an, als die Szene allen irgendwie gestörten, gescheiterten oder gesuchten Personen Aufnahme bot, zum Sammelbecken dissozialer und sich kriminell verhaltender Menschen aller Art wurde. Der Vorgang der Annäherung und Verschmelzung sei in drei konkreten Bereichen beispielhaft dargestellt.

Am deutlichsten haben Annäherungen zwischen einigen Rocker- und Rauschmittel-Cliquen stattgefunden. Schienen solchen Annäherungen anfangs unüberwindliche Hindernisse im Wege zu stehen, so wurden sie im Laufe der Zeit möglich mit der Schichtenverlagerung bei Rauschmittelkonsumenten, mit dem Schwinden ursprünglicher künstlerischer und politischer Attitüden unter ihnen. Für manche Rocker wurde dieses neue Milieu wegen seiner Publizität und Anziehungskraft, ferner wegen dort sichtbarer neuer, Prestige und materiellen Gewinn versprechender Rollen verlockend. Auch besteht schon jugendkriminologisch eine Nähe beider Bezugsmilieus wegen der Gleichheit des Alters und der syndromhaften sozialen Störungen in der Herkunft. In den Cliquen beider Milieus gab es nur oberflächlichen Zusammenhalt, so daß ein Überwechseln von der Struktur der Cliquen her nicht ausgeschlossen schien. Beide Milieus einten das Selbstverständnis als provokative Außenseiter sowie Erfahrungen in der Abwehr von Kontrollinstanzen. Selbst im äußeren Statussymbol der Bezugsmilieus — den Rauschmitteln — war eine gewisse Verwandtschaft dadurch gegeben, daß Rocker Alkoholmißbrauch und vereinzelt sogar schon früh Weckmittelmißbrauch trieben, daß ferner auch Fixer Erfahrung mit unmäßigem Alkoholumgang hatten und sich im Laufe der Rauschmittelkarriere zunehmend wieder dem Alkohol zuwandten.

Als weiterer Bereich wechselseitiger Annäherung von Teilen der Dro-

gen-Szene und herkömmlichen kriminellen Subkulturen war das »Milieu des Nachtlebens« in großstädtischen Vergnügungsvierteln auszumachen. Subkulturen, die bekanntermaßen Kristallisationspunkte kriminellen Treibens sind — Prostitution, Zuhälterei, Strichjungenwesen, aber auch Waffenschwarzhandel und Großhehlerei —, erkannten früh Chancen in Verbindungen zur Drogen-Szene. Ihr etabliertes Milieu, ihre Erfahrungen im Umgang mit Polizei und Konkurrenz, ihre gute Kommunikation konnten vor allem für illegale Geschäfte in der Drogen-Szene genutzt werden.
Andeutungsweise zeichnen sich gewisse Annäherungen auch zwischen Personen und Cliquen der Drogen-Szene sowie Personen und Organisationen des politischen Extremismus und Terrorismus ab. Wiederum reicht eine Wurzel zurück in den Anfang der epidemischen Phase; extreme politische Gruppierungen waren zum Rauschmittelkonsum übergegangen; in der Protestbewegung hatte zumindest eine oberflächliche Motivationsnähe bestanden. Andererseits scheinen politische Extremisten und Terroristen später bewußt die Verbindung zu Rauschmittelabhängigen gesucht zu haben, weil sie diese wegen der Abhängigkeit zu schwerer Kriminalität bereiten, demoralisierten, unreflektiert gesellschaftsfeindlichen Personen leichter in bestimmte Aktionen einbeziehen konnten. Bezeichnenderweise fanden sich bei Demonstrationskrawallen, gewaltsamen Hausbesetzungen, Gefangenenbefreiungen und Terroristenaktionen Personen aus der Drogen-Szene oder mit Verbindungen zu ihr. Überdies scheinen sich international vorgehende Terroristenorganisationen eines Teils des Rauschmittelhandels bemächtigt zu haben.

Strukturen der Drogen-Szene

In der Drogen-Szene sind mancherlei Strukturen erkennbar. Freilich stößt man nicht auf feste, sondern auf sich rasch ändernde Strukturen. Der Wandel hängt u. a. mit der Verschmelzung krimineller Milieus, den wechselseitigen Einwirkungen zwischen Drogen-Szene und Instanzen sozialer Kontrolle und der schichtsoziologischen Veränderung in der Population der Konsumenten zusammen.
Zunächst ist eine regionale Gliederung der Drogen-Szene erkennbar. Groß- und Klein-Szenen lassen sich unterscheiden. Zu den Groß-Szenen zählen Ballungsgebiete wie etwa Hamburg, Berlin, Frankfurt, München. Für sie gelten jeweils Besonderheiten, bedingt beispielsweise durch die Nähe internationaler Flug- und Seehäfen, durch Stationierungsstreitkräfte oder Beziehungen zu bestimmten ausländischen Drogenzentren. Innerhalb dieser größeren findet man kleinere regionale Einheiten. In Großstädten konzentrieren sich örtliche Drogen-Szenen auf einzelne Stadtteile.
Die kleineren regionalen Einheiten setzen sich wiederum aus den ei-

gentlichen Cliquen zusammen. Sie findet man in loseren und größeren Gesellungen etwa an bestimmten Treffpunkten in Diskotheken, an bevorzugten Plätzen, Bahnhöfen und Parks oder in kleineren, geschlosseneren Cliquen in privaten Villen und Wohnkommunen. Anfangs konnte man einzelne Cliquen noch nach der Art bevorzugter Rauschmittel bzw. Einnahmeformen voneinander unterscheiden. Man sprach von einer Hascher- und einer Fixer-Szene, in der letzteren von Amphetamin-, Opiat-, Heroin-Fixern. Später verblaßten solche Unterscheidungsmerkmale infolge des schnellen Wandels der Rauschmittel und des Überhandnehmens der Polytoxikomanie.

Intensivsten Gesellungsformen der Drogen-Szene begegnet man an Orten, wo Rauschmittelkonsumenten vollkommen zusammenleben. Solche Klein-Subkulturen innerhalb der Drogen-Szene stellen beispielsweise Fixergruppen in Kliniken, Heimen und Haftanstalten dar. Hervorzuheben sind insbesondere die **Kommunen von Rauschmittelkonsumenten**. Werden in Wohnkommunen sonst neue Formen des Zusammenlebens in der Gesellschaft versucht, so fand man bereits in den frühen Hippie-Kommunen Kaliforniens und in deutschen »Polit-Kommunen« kriminogene Ansätze. In Rauschmittelkommunen schließlich begegnet man neuen Formen kriminogener Mischmilieus, Zentren der Verwahrlosten und Verwahrlosenden, Auffangbecken und Schmelztiegeln für delinquente junge Menschen aller Art und Herkunft, sozialen Infektionsherden. Solche Kommunen bildeten in Hamburg und Berlin beispielsweise Mitte der sechziger Jahre das Rückgrat der örtlichen Drogen-Szene. Es waren Orte totalen Abbruchs herkömmlicher gesellschaftlicher Bindungen und totaler Szene-Integration. Wer hier Rauschmittelumgang erlernte oder fortsetzte, geriet in rapide verlaufende Rauschmittelkarrieren. Trotz engen Zusammenlebens, der Gemeinsamkeiten im Rauschmittelumgang und der Ablehnung des Herkunftsmilieus und gesellschaftlicher Institutionen waren auch hier geringer Zusammenhalt und kaum menschliche Beziehungen oder Gruppenbindungen zu finden. So schilderte ein befragter Fixer das Leben in Kommunen: »Man lebt zusammen, ohne sich umeinander zu kümmern«. Solche Kommunen sind unterschiedlich groß und offen. Dort können sich drei oder Hunderte von Personen aufhalten. Hierher kommt, wer kein Geld hat, wer gesucht wird, wer es andernorts nicht mehr aushält, wer von Bekannten oder Verwandten vor die Tür gesetzt wird, wem als Ausländer die Abschiebung droht. Vor allem findet man hier Minderjährige, die Fürsorgeheimen entlaufen sind, »auf Trebe gehen«, aber auch Personen, denen Verhaftung droht. Hier war mitunter das Reservat gewalttätiger Demonstrationen und öffentlicher Krawalle zu finden.

Als intensive Klein-Subkulturen verdienen schließlich die sich am Rande der Drogen-Szene bildenden, sehr unterschiedlich ausgerichteten Gruppierungen erwähnt zu werden, die mit mehr oder weniger Ernsthaftigkeit oder Erfolg eine Abkehr vom Rauschmittelumgang bezwekken, etwa Gruppen der »Jesus-People«, »Release«-Einrichtungen, sonstige **Selbsthilfegruppen** ehemaliger Fixer. Während in Kommunen der erstgenannten Art gesellschaftliche Bindungen vollständig abgebrochen werden im Sinne eines extremen »drop out«, geschehen hier wieder Annäherungen an die Gesellschaft und ihre Institutionen, jedenfalls in solchen Einrichtungen ehemaliger Fixer, die nicht eine Gegengesellschaft nach politisch-ideologischer Ausrichtung darstellen wollen und die nicht eine nur abgeschirmte Atmosphäre suchen, um ungestörter das Rauschmittelleben modifiziert fortsetzen zu können. Hier wird mitunter der Konflikt zwischen Haupt- und Subkultur abgebaut. Dabei kommt den »Ex-Fixern« erneut eine für diese Gruppen prägende Funktion zu. In vielem gleichen solche Gruppierungen noch den eigentlichen Szene-Gruppierungen. Man könnte sie als »Aussteiger-Szene«, als »Ersatz-Szene« für ehemalige Szene-Zugehörige bezeichnen. Jedoch ist in ihnen der Zusammenhalt besser und dauerhafter, der mitmenschliche Bezug ernsthafter als etwa in Fixer-Kommunen.

Einstellungen, Rechtfertigungen, Selbstbild und Fremdbild

Mit dem Abbruch der Bindungen an primäre Bezugsgruppen geht eine Entfremdung auch gegenüber deren Norm- und Wertvorstellungen einher. Der Hinwendung zur Drogen-Szene könnte eine Orientierung an einer neuen Norm- und Wertordnung entsprechen. Das Ausmaß der Übernahme neuer Einstellungen ist Gradmesser für die Intensität subkultureller Bindung. Zwei Züge kennzeichnen die Werthaltung und Einstellungen dieser Population: Zum einen ist es die **kollektive Prägung.** Wenn man immer wieder stereotypen Antworten auf entsprechende Fragen über Einstellungen begegnet, kann auf fremde, kollektive Einflüsse, auf eine Orientierung der Einstellungen an denen der Drogen-Szene geschlossen werden. Zum anderen lassen solche Äußerungen weniger auf das Vorhandensein positiver, neuer Wertvorstellungen in der Drogen-Szene schließen; sie beschränken sich weitgehend auf eine ablehnende Haltung gegenüber Wertvorstellungen und Einstellungen, die in dem Herkunftsmilieu, in der »bürgerlichen Gesellschaft«, in den sozialen Primärgruppen vorherrschen. Mit der dominierenden **negativen Einstellung**, die sicher ihre Wurzeln auch in der jugendlichen Protestbewegung hat, scheint man sich jedenfalls darin einig zu sein, Einstellungen, Vorbilder, Wertordnungen, Institutionen, Tabus der bestehenden Gesellschaft abzulehnen.
Zwar läßt sich in dem Übergewicht der ablehnenden Haltung, in dem Mangel an Wert- und Normgestaltung im neuen Bezugsmilieu ein Indiz dafür sehen, daß der subkulturelle Bezug nur schwach und oberflächlich ist. Doch hat schon die Einigkeit in einer Antihaltung eine gewisse festigende, bestätigende, Sicherheit gebende Funktion für den

einzelnen Szene-Zugehörigen. Umwertungen und Ablehnungen lassen sich in vielen Bereichen beispielhaft zeigen. So werden die in der Gesellschaft vorgefundenen Vorstellungen über Autorität und Vorbild, Gesundheit, Sauberkeit und Ordnung, Planung des Lebens, des Alltags, über Leben in der Familie, Pflichtdenken, Arbeit und Leistung sowie Disziplin in Ansprüchen oder im Sexualleben abgelehnt. An ihre Stelle treten oft nur das Praktizieren des Gegenteils, das Durchbrechen von Tabus, Schrankenlosigkeit, Hedonismus. Man lehnt ein langes Leben ab, lebt dem Augenblick, verweigert Pflichten und Leistung gegenüber anderen, erhebt das Krank-Aussehen zum Ideal und entwickelt eine ausgesprochene Anspruchshaltung. Man äußert, jeder könne mit sich machen, was er wolle.
Bezeichnend sind zwei Äußerungen Befragter zu Vorstellungen über Arbeit: »Ich nehme nur eine Arbeit an, wenn sie mir Spaß bringt, aber die Möglichkeiten dazu sind begrenzt; insofern sehe ich da keine Chance.« »Nur Dumme arbeiten; ich bin nicht für Arbeit geschaffen.« Wenn andererseits ehemalige Fixer häufig — sehr vage — sozialarbeitsnahe Berufswünsche äußern, so dürfte darin nicht unbedingt ein Widerspruch liegen. Diese Einstellung könnte vielmehr eine gewisse Abkehr von der kraß egoistischen, schmarotzerhaften Einstellung im Drogen- und Szene-Leben anzeigen und als Beleg dafür gewertet werden, daß in der Drogen-Szene übernommene Einstellungen kaum verinnerlicht werden. In ihnen dürften sich nicht zuletzt Gespräche und Erfahrungen mit Sozialarbeitern im therapeutischen Rahmen niederschlagen, die mitunter eine Brückenfunktion zur Gesellschaft außerhalb der Szene wahrnehmen.
Eine wichtige Bedeutung für die Einordnung in die Drogen-Szene kommt **kollektiven Rechtfertigungstechniken** zu. Sie haben die Aufgabe, Rauschmittelkonsumenten etwaige Bedenken zu nehmen, ihnen das Gewissen zu erleichtern, sie standhaft gegenüber Einwänden und Warnungen von Bekannten oder Fachleuten außerhalb der Drogen-Szene zu machen und diesen gegenüber Argumente zu liefern, Unangenehmes zu verdrängen, ein Mindestmaß an Zusammenhalt der Drogen-Szene zu gewährleisten. Jeder der zahlreichen Schritte auf dem Wege von bisherigen gesellschaftlichen Bindungen und Verhaltensweisen in die Drogen- und Szene-Abhängigkeit wird begleitet von einer Reihe solcher unterstützender Rechtfertigungstechniken. Bei jedem Schritt muß sich der Rauschmittelnehmer entscheiden, ob er nunmehr aufhören oder weitermachen will, und das bedeutet meist zugleich, ob er den Schritt nach Vorstellungen seiner bisherigen Bezugsgruppen negativ oder nach den Vorstellungen des neuen Bezugsmilieus positiv bewerten will. Mit jedem Schritt wird aber die Notwendigkeit größer, weitere Rechtfertigungstechniken zu übernehmen, da Gefahren, Schäden, Unangenehmes, Zweifel, Mahnungen zunehmen. In dem Ausmaß dieses Fort-Schreitens schwindet die Fähigkeit, sich wirklichkeitsnah,

erfolgversprechend mit der eigenen Situation und Problematik auseinanderzusetzen, in bisherige oder neue soziale Bindungen zu finden.

Ähnlich wie kollektiv geprägte Motivationsangaben dürften Rechtfertigungstechniken aller Art aus wechselweisen Informationen seitens des Drogenmilieus und der Öffentlichkeit zustande kommen. Dabei wird in der Drogen-Szene aus dem Gesamtmaterial jeweils das ausgewählt, was Argumente für den Rauschmittelumgang, für die Fortsetzung des Lebens in der Szene, für bequeme Entscheidungen stützt. So drücken die Rechtfertigungsmuster allenfalls Teilwahrheiten aus; sie sind einseitig.

Rechtfertigungsmuster werden für den einzelnen in allen Situationen bereitgehalten, mit denen er typischerweise im Rauschmittelleben zu rechnen hat. Sie beziehen sich daher in erster Linie auf den Rauschmittelumgang selbst: Er lernt zu erklären, warum man Rauschmittel selbst nehmen müsse, nicht sogleich das Erwartete erlebe, Nachteiliges in Kauf nehmen, weitermachen, Stoff an andere abgeben, neue Einnahmeformen versuchen müsse, keine Angst vor schädlichen Wirkungen zu haben brauche, wie man Unangenehmes in Angenehmes umdeuten, offenkundige Nachteile und Schäden auf Gründe zurückführen könne, die außerhalb der Stoffe und des Rauschmittellebens liegen usw. Wird der Konsument rauschmittelabhängig, krank, aber auch in vielfältiger Hinsicht kriminell, so lernt er, warum es sich nicht um kriminelles Tun handele, warum es keine Umkehr gebe oder eine Umkehr sich nicht lohne u. ä. Seine Einstellungen zum Leben, zum Mitmenschen, zu Institutionen der Gesellschaft, zu Alltagsproblemen werden zumindest oberflächlich von solchen Rechtfertigungen und Verdrängungen durchzogen.

Für die Beurteilung der Intensität subkultureller Verfestigung der Drogen-Szene und die Anziehungskraft dieser Subkultur ist es bedeutsam, wie sich Rauschmittelnehmer selbst in der Szene sehen und wie sie von außen gesehen werden. **Selbst-** und **Fremdbild** können sich wandeln und wechselseitig beeinflussen.

Zur Analyse des Selbstbildes von Rauschmittelnehmern in der Drogen-Szene ist es zweckmäßig, zwischen Haschischkonsumenten und Fixern zu unterscheiden. Zu Beginn der epidemischen Phase wurde Haschischkonsum in der Drogen-Szene positiv beurteilt. Der »Hascher« war etwas Besonderes. Er war allen Nichtkonsumenten durch eine weitgehend überbewertete Erfahrung mit Rauschmitteln überlegen. Er war »in«. Er konnte sich ein Urteil über Rauschdrogen erlauben, im Gegensatz etwa zu vermeintlichen Experten außerhalb der Drogen-Szene.

Erste Fixer wurden in der werdenden Drogen-Szene anfangs noch eher negativ gesehen. Dies wandelte sich schnell. Mit der Zunahme der Fixer-Cliquen übertrug sich das positive Selbstbild des Fixers auf große Teile der Drogen-Szene. Dieses Selbstbild war gekennzeichnet von einem gewissen elitären Selbstverständnis, von Exklusivität. Der Fixer hatte den höchsten Rang der im Szene-Leben möglichen Ränge erreicht. Er wurde als »cooler Typ« angesehen, war stolz, wurde heroisiert — »einen Schießer kann nichts schrecken«. Mehrere Befragte schilderten, man habe anfangs vor »Haschern« die Ärmel hochgekrempelt, um die Einstichstellen zu zeigen — »Bin ich nicht ein heißer Typ!«. Noch-nicht-Fixer markierten Einstichstellen, um schon als Fixer zu gelten. Dieses Selbstbild drückt sich in Äußerungen anschaulich aus:

»Zuerst war es etwas Besonderes, Schießer zu sein; es war dufte, kaputt zu sein, und dann noch als Fixer-Butze!« — »Ich fand es sehr dufte, so kaputt auszusehen. Fixer haben sowieso die Eigenschaft, daß sie sowas gut finden, nicht? Guck mal, ich bin früher rumgelaufen und hab mir die Augenränder so dunkel gemalt. Ich wollt immer unheimlich kaputt wirken, was? Auch die anderen hatten alle so'n Fimmel, die wollten alle so unheimlich kaputt aussehen ... Ich war unheimlich stolz darauf. Die ersten Einstiche und so, hab die dann natürlich immer rumgezeigt. Das macht jeder Fixer am Anfang. Und zum Teil sind sie heute noch stolz darauf. Ich auch. Ist jeder, was? Ich weiß auch nicht, wie das kommt. Das ist vielleicht irgendwie, daß du da irgendein Zugehörigkeitsgefühl hast zu irgendwas, was? Wenn du schon sonst nichts bist, da biste dann wenigstens 'n Fixer, was? Am Anfang ist es erstmal, daß du wirklich glaubst, naja, 'n Fixer ist was höheres als 'n Kiffer zum Beispiel. Weil sie das alle glauben, was?«

Im Laufe jeder Rauschmittelkarriere und der späteren Szene-Entwicklung insgesamt schlägt dieses Selbstbild ins Negative um. In manchen Gesprächen deutete sich dies dadurch an, daß Befragte nicht mehr wahrhaben wollten, anfangs ebenfalls stolz als Fixer gewesen zu sein und damit angegeben zu haben. Mißerfolgserlebnisse häufen sich, Schuldgefühle stellen sich ein. Man erlebt an sich selbst und an den Bekannten die Demoralisierung, den psycho-physischen Ruin. »Kaputtsein« ist jetzt etwas Negatives, der »kaputte Typ« wird bemitleidet oder verachtet. Das Wir-Bewußtsein in der Fixer-Szene schwindet. Die Szene wird als »link«, »kaputt«, »kriminell« bezeichnet. Man spricht davon, daß es früher ganz anders gewesen sei. Es besteht keine Vertrauensbasis mehr. Stereotyp wurde geäußert, einem Fixer könne man nicht trauen; entsprechend hört man in Amerika: »Never trust a junkie«.

Für diese späte Sicht eines Fixers stehe wieder ein beredtes Beispiel einer Fixerin: »Daß es Typen gibt, die meinen, wenn sie fixen, gelten sie mehr, Fixen quasi als Prestigeerhöhung, das kann nur bei Leuten sein, die eben sehr jung sind, gerade angefangen haben ... Die Leute, mit denen ich zusammen bin, ... da ist so etwas völlig undenkbar ... Die können nur ewig daran denken, wie beschissen es ist.«

Wenn sich Fixer trotz dieses Stimmungsumschwungs, dieses Imagewandels nicht vom Drogenleben abwenden, so hängt dies sowohl mit der Abhängigkeit zusammen als auch damit, daß die Brücken zu anderen Bekanntenkreisen abgebrochen sind, daß eine Kehrtwendung unbequem ist und Willenskraft voraussetzt, daß man resigniert.

Im gleichen Zug, in welchem das Selbstbild des Fixers in der Drogen-Szene ins Negative umschlug, setzte sich in der interessierten Öffentlichkeit — vor allem bei jungen Menschen — eine insgesamt negative Sicht über Rauschmittelumgang und -konsumenten durch. Wohl auch wegen der Veränderung des Selbstbildes und der Annäherung dieses Bildes an jenes negative Fremdbild, das schon weithin in der Öffentlichkeit, vor allem bei Erwachsenen, vorherrschte, verlor die Drogen-Szene bei vielen Jugendlichen an Anziehungskraft. Der »Hascher« konnte nicht mehr als der »Friedfertige«, »Kreative«, »Experte aus eigener Erfahrung« mit Respekt und Anerkennung unter jungen Menschen rechnen. Solidarisierung wich der Distanzierung.

Integrationsmittel und Rituale

In der Drogen-Szene haben sich einige Mittel entwickelt, die subkulturellen Zusammenhalt auf der einen, Abgrenzung von der übrigen Gesellschaft auf der anderen Seite fördern.
Zu solchen Mitteln gehört vor allem ein verbindender **Jargon**. Er setzt sich vornehmlich aus Elementen der angelsächsischen Hippie-Sprache und der Leary-Schriften zusammen, weiterhin aus Begriffen der Umgangssprache, die einen Bedeutungswandel erfahren, und schließlich aus Neuschöpfungen. Im Zuge des Annäherungsprozesses an andere kriminogene Subkulturen haben sich zudem eine Annäherung und Mischung von Jargon-Elementen der Drogen-Szene und beispielsweise der Rocker- oder Anarchistenkreise ergeben. Der gemeinsame Jargon kann als eine Art Code angesehen werden, dessen Verständnis zumindest anfangs auch Erkennungs- und Zugehörigkeitszeichen war.
Als subkulturelle Integrationsmittel kaum zu unterschätzen ist die entsprechende **Musik**. Dabei sind die Zusammenhänge zwischen Rauschmittelumgang, Szene-Leben und Musik komplex: Jugendliche gewöhnen sich mehr und mehr daran, Unterhaltungsmusik als ständige Begleitung im Tagesablauf zu hören. Drogenumgang junger Menschen erfolgt fast ausnahmslos musikalisch untermalt; im Szene-Jargon sind »Drogentrip« und »Musiktrip« eng verbunden. Das öffentliche Szene-Leben spielte sich in der epidemischen Phase oft in Diskotheken ab. Aufgrund bestimmter musikalischer Eindrücke können manche Konsumenten in Zustände versetzt werden, die einem drogenbedingten Rausch gleichkommen. Von Anfang an haben Popmusiker Rauschdrogen genommen. Wahrscheinlich haben Drogenwirkungen den Stil der Popmusik nachhaltig beeinflußt. Diese Musik nimmt in ihren verschiedenen Stilrichtungen und in Texten versteckt oder ausdrücklich Bezug auf Rauschmittelumgang aller Art. Beat- und Popmusiker wurden Idole Jugendlicher, und es ist nicht auszuschließen, daß sich viele junge Menschen dem Rauschmittelumgang auch deswegen hingaben, um ihren Idolen und den von ihnen in der Musik dargebotenen Haltungen

näherzukommen. Vermutlich ist die Bindung der Drogen-Subkultur an diese Stilrichtungen in der Musik in ähnlicher Weise zu verstehen wie die Bindungen an bestimmte Rauschmittel; das eine dürfte kaum vom anderen trennbar sein.
Jargon, Musik, Kleidung, Haartracht und andere subkulturelle Elemente einer mit dem Drogen-Leben eng verbundenen Popkultur wurden allerdings im Laufe der Zeit kommerzialisiert für Jugendliche schlechthin; sie büßten infolgedessen an Integrationskraft für die Drogen-Szene ein.
Die erwähnte schrittweise Integration in die Drogen-Szene bedient sich ferner einer Reihe von Einständen, **Initiationen**. Für alle jungen Menschen gibt es in der Gesellschaft zahlreiche Initiationen, die einen neuen Status, eine neue soziale Rolle, Entwicklungsstufe, Zugehörigkeit, Fähigkeit oder Befugnis bezeichnen. Initiationen können von unterschiedlich starker Bedeutung, mehr oder minder verpflichtend, geheim oder offen, stark oder kaum rituell ausgestaltet, allein oder in Bezugsgruppen vorbereitet und vollzogen sein. Beispiele sind: erster Schultag, erstes Rauchen, erstes Taschengeld, Konfirmation, erster Kuß, erstes »Date«, erster Geschlechtsverkehr, Abitur, Musterung und militärische Einziehung.
Das Leben in der Drogen-Szene kennt eine Reihe von Einständen, die sich aber von den sonstigen Initiationen dadurch abheben, daß sie nicht in das gesellschaftliche Leben führen, sondern von ihm entfernen, entfremden. Sie sind meist von der jeweiligen Bezugsgruppe geprägt und mit der Entscheidung verbunden, sich von der Gruppe und dem Milieu zu lösen oder weiterzumachen und sich noch stärker in eine Subkulturabhängigkeit zu begeben. Regelmäßig wird mit einer solchen Initiation der Kreis Zugehöriger enger. Einstände dieser Art verbinden die Eingeführten und Eingeweihten. Der Neuling lernt bei jedem Schritt durch die Bezugsgruppe, wie er sich in dem neuen Erfahrungsbereich zu verhalten habe. Initiationen verlieren in der späteren Entwicklung der Drogen-Szene indes an Regelhaftigkeit. Wichtige Initiationen sind mit dem Rauschmittelumgang selbst verbunden; sie werden später noch genauer aufgezeigt. Zu nennen sind vor allem erster Haschischumgang, erster »Trip«, erste »Fixe«, erster Kauf und Verkauf eines Rauschmittels, erstes Ausüben bestimmter krimineller Verhaltensmuster — beispielsweise erstes »Skript«, erster »Bruch«, erster »Affe« (Entzugserscheinung), erster »Gilp« (Gelbsucht infolge insterilen Injizierens), erste klinische Entziehungsbehandlung usw.
Eine weitere Initiation — die **erste polizeiliche Vernehmung** eines Rauschmittelkonsumenten — sei genauer beschrieben. An ihr zeigt sich die verhältnismäßig schwache und schwindende Verhaltens- und Sanktionsgeltung subkultureller Normen. So berichteten ältere Befragte, es sei anfangs »Ehrensache« gewesen, niemanden bei der Polizei namentlich zu nennen. Wieweit diese Norm tatsächlich aus dem Bewußt-

sein einer »Szene-Ehre« oder auch schon anfangs mehr aus Angst vor einer Verschlechterung von Bezugsmöglichkeiten oder Rache eingehalten wurde, mag dahinstehen und von Fall zu Fall verschieden gewesen sein. Jedenfalls mehrten sich Namensangaben und Anzeigen von Szene-Zugehörigen gegenüber der Polizei später, wiewohl man noch davon sprach, man verrate niemand. Daß eine Geheimhaltung aber zu Beginn der epidemischen Phase und in bestimmten Cliquen eingehalten wurde und verbindende, gruppenfestigende Kraft hatte, zeigt die Schilderung einer Befragten: Sie habe vorher in ihrer Clique Ratschläge erhalten, wie sie sich bei der ersten Vorladung des »RD« — Rauschgiftdezernat — verhalten solle: um des guten Eindrucks willen manche ohnehin nicht abstreitbaren Details eines Vorfalls zugeben, Wichtiges und vor allem Namen verschweigen durch Ablenken oder Nichtwissen, versichern, es sei der erste und letzte Vorfall. Als ihr gelungen sei, den Sachbearbeiter zu überzeugen und einen »Typ« als Verkäufer vorzuschützen, sei sie stolz gewesen und habe sich erst richtig als Verbündete der Clique, ihr zugehörig gefühlt; am selben Abend habe sie sich in ihrer Clique den ersten »Amphetaminschuß« geben lassen.

In dem für das Leben in der Drogen-Szene eingeführten Begriff der **Rauschmittelkarriere** kommt zum Ausdruck, daß man es nicht nur mit pharmakologisch erklärlichen Verläufen zu tun hat, sondern daß solche Entwicklungen zu Extremformen der Rauschmittel- und Szene-Abhängigkeit vor allem auch sozialen Einflüssen — dem **Leistungsdruck der Bezugsgruppe** — ausgesetzt sind.

Häufigkeit und Dosierung etwa der Injektionen, die Vielfalt injizierter Mittel oder der jähe Verlauf einzelner Karrieren finden nicht zuletzt in dem Leistungsdruck ihre Erklärung. Nur so lassen sich auch die erheblichen Unterschiede in den Angaben erwachsener Morphinisten und junger Fixer über Häufigkeiten, Dosierungen und Rauschmittelarten bei Injektionen erklären. Extreme Rauschmittelnehmer, die regelmäßig in ihren vorherigen Bezugsmilieus und sozialen Rollen geringe Chancen einer Achtung erheischenden Karriere hatten oder sahen, können im neuen Bezugsmilieu verhältnismäßig einfach ohne Anstrengung und Begabung Karrieren einschlagen, Status, Selbstbestätigung, Geltung erringen, wenn sie sich dem Leistungsprinzip der Drogen-Szene unterwerfen. Das Leistungsprinzip setzt sich aus zwei Elementen zusammen: dem **Renommieren** und dem **Experimentieren**.

Das Leistungsstreben richtet sich am Rauschmittelumgang aus. Es geht darum, Höchstleistungen zu erbringen. Wer diese erreicht, ist Vorbild, setzt Maßstäbe oder — im Szene-Jargon — ist »King«, »weiß, was Trumpf ist«. Der jeweils Erfahrenere, in der Drogenkarriere weiter Vorgerückte, gebärdet sich nicht selten herablassend gegenüber dem weniger Erfahrenen. Man brüstet sich damit, schon einen »Trip geworfen« zu haben, zeigt erste Einstichstellen, prahlt mit Zahl und Dosierung der Injektionen, bemüht sich um immer neue Rauschmittelkombinationen, berichtet stolz über Erfahrungen mit Abstinenzen, Entzugsbehandlungen, Anstalten, bedeutet, nichts könne einen schrecken und gibt sogar mit dem Ausmaß der Erkrankungen an. Um beachtete Leistungen zu erbringen, muß man experimentieren und trainieren. So berichteten Befragte, jeder Fixer habe seinen »Satz« (Dosis); es gelte, diesen zu überbieten, neue Rekorde aufzustellen. Man sprach von »Wettkämpfen«, »Weltmeisterschaft im Schießen«, »Hochtrainieren«, »Hochdosieren«. Bei dem Training wird mitunter wenig Rücksicht auf körperliche Belastungsgrenzen, auf tödliche Dosierungen genommen, wenn man besondere Anerkennung erringen will. So wurde berichtet vom »Russisch-Roulette-Schießen«, von vielen auch über »blindes Experimentieren«, bei welchem Rauschdrogen ohne Kenntnis ihrer Art, ihrer Wirkweise und Dosierung eingenommen werden. Da die Interessen und Gemeinsamkeiten in der Drogensubkultur nur oberflächlich sind und Rauschmittel im Zentrum des Szene-Lebens stehen, wird die Form, das **Ritual** des Rauschmittelumgangs, überbetont. Dem Ritual kommt gleichfalls die Bedeutung eines Integrationsfaktors der Drogensubkultur zu. Hier zeigt sich einer der Gegensätze zum Verhalten des »klassischen Morphinisten«, dem es nur um die Wirkung, nicht um das Formale des Rauschmittelumgangs ging. Rauschdroge und Zeremoniell gehören in der Drogen-Szene zusammen, solange der Umgang in Cliquen und noch unabhängig vom Zwang schwerer physischer Abhängigkeit geschieht, also vor allem in den Stadien einer Rauschmittelkarriere, in welchen überwiegend Halluzinogene benutzt und erste Injektionen vorgenommen werden.

Es ließe sich auch daran denken, daß vom Gruppenritual eine mäßigende, disziplinierende Wirkung auf die Art und Weise des Rauschmittelumgangs ausginge; man denke beispielsweise an das streng disziplinierte Rauschdrogenritual religiöser Kulte, etwa das Meskalinritual bei Indianern. Solche Kontrollfunktion des Gruppenrituals soll in der Anfangsphase des epidemischen Rauschmittelumgangs hierzulande in der Tat beobachtet worden sein. Jedoch beruhen diese Eindrücke auf der Beobachtung erster Halluzinogenkonsumenten vorwiegend höherer Bildungsschichten. Die Angaben befragter Fixer deuten mehr darauf hin, daß von dem Ritual eine stimulierende Wirkung ausgeht, jedenfalls in der Population derer, die stärker zu Dissozialität und Verwahrlosung neigen oder schon von vornherein ohne sozialen Halt sind. In den häufig geschilderten Ritualen zeigen sich Leistungsdruck, Renommiergehabe und Experimentierbereitschaft.

Wenige Beispiele ritualisierten Umgangs seien erwähnt: Man schilderte, wie ein »Joint« fachmännisch »gebaut« und herumgereicht werde, wie man Haschisch nach Rezepten in Speisen oder zum Rauchen in Wasserpfeifen aufbereite, wie berauschende Salben nach Anweisungen aus »Magiebüchern« zubereitet werden. Fixer berichteten von den gleichförmigen, oft zum Selbstzweck werdenden, umständlichen Verfahren, etwa Rohopium zuzubereiten. Auch die Einnahme des Rauschmittels erfolgt oft in einem Zeremoniell, das neue Cliquenmitglieder fasziniert. So berichtete man von einer Amphetamin-Schießer-Clique, in der man bei Ravel-Musik und mit verbundenen Augen den längsten »Flash« erlebt habe. In einer anderen Clique hätten die Teilnehmer Jimmy-Hendriks-Platten mit Kopfhörern gehört und jeweils an einer bestimmten Stelle gemeinsam Rauschmittel injiziert oder nach Art einer musikalischen Fuge alle Teilnehmer nacheinander »abfahren« lassen. Bestimmte Rituale gestatten das Kombinieren gegensätzlich wirkender Drogen. Das wichtigste dieser Rituale ist das »Stereo-Schießen«. In wieder anderen Ritualen werden Elemente von Feierlichkeit und Geselligkeit aus Erinnerungen aufgenommen und pervertiert. So beging man Weihnachten an einem mit Drogen aller Art geschmückten Tannenbaum; man bereitete »Party-Cocktails«, bei denen jeder Teilnehmer Zutaten liefern mußte; man gab »Trip-Feten« oder feierte Geburtstag bei einem Lagerfeuer mit Rauschmitteln, Flöten und Gitarren; 15- bis 16jährige Neulinge erhielten eine »Schultüte voller Joints und Schnüffelstoffe«. Rituelles Gebaren kann schließlich auf weitere Verhaltensweisen des Alltags übergehen. Dies deutet sich beispielsweise darin an, daß in manchen Fixerkreisen und Selbsthilfegruppen am Rande der Szene großer Wert auf Eßrituale, etwa auf »makrobiotische Ernährung«, gelegt wird.

Die sogenannte »Schrittmacherfunktion« des Haschisch unter subkulturellem Blickwinkel

Die »Schrittmachertheorie«, auch Domino-, Umsteige-, Eskalationstheorie genannt, behauptet, Haschischumgang sei eine wesentliche Bedingung, ein Wegbereiter für spätere Opiatabhängigkeit; Fixer bzw. Heroinisten wären kaum ohne vorangegangenen Haschischkonsum süchtig geworden. Die These stützt sich auf statistische Befunde, wonach Opiatkonsumenten vorher meist Haschisch oder Marihuana genommen haben.

Diese Argumentation ist zu vordergründig. Sie beruht auf einer wirklichkeitsfremden geradlinig-kausalen Betrachtung und einer **Überbetonung des pharmakologischen Aspekts** und hat die Bedeutung des Haschisch als Wegbereiter für riskantere Drogen überbetont, andere mögliche »Schrittmacher« außer acht gelassen. Dies gilt insbesondere für Weckmittel, bestimmte Medikamente, auch Alkohol und Nikotin. Demgegenüber kann die hier angestellte subkulturelle Betrachtung Einsichten in die Vielschichtigkeit der Zusammenhänge eröffnen.

Einstiegsrauschdrogen sind in gewissem Maße austauschbar. Es liegt auf der Hand, daß extreme Rauschmittelkonsumenten zu Beginn ihrer Karriere schwächere, weniger riskante Rauschmittel nehmen. Somit kommt Haschisch in Phasen größerer Verfügbarkeit als verhältnismäßig schwaches Rauschmittel am ehesten als Einstiegsdroge in Betracht. Wo Haschisch aber nicht im gleichen Maße verfügbar ist, können andere, möglicherweise stärkere Mittel diese Funktion übernehmen. So setzten sich auch in mehreren ausländischen Drogen-Szenen, wie in Wien oder Stockholm, zeitweilig durchaus »harte Drogen« — Preludin, Menocil — am Anfang der Abfolge von Rauschdrogen in einer Szene durch. In jüngster Zeit sind hierzulande sogar Tendenzen bemerkbar, ohne vorangehenden Halluzinogenkonsum sogleich mit dem Heroinmißbrauch zu beginnen. Die **individuelle Rauschmittelsequenz** kann auch als Funktion einer **kollektiven Rauschmittelsequenz**, der Abfolge benutzter Drogen in einer Drogen-Szene, betrachtet werden. Dies besagt, daß die Frage, mit welchem Mittel ein Konsument beginnt und in welcher Reihenfolge er weitere Mittel nimmt, im Rahmen einer epidemischen Entwicklung wesentlich davon abhängt, wie welche Rauschmittel zu einem bestimmten Zeitpunkt in der jeweiligen örtlichen Drogen-Szene bewertet werden — **»Rauschmittel-Image«**. Hier handelt es sich auch um modische Einflüsse. Beispielhaft sei an Vorstellungen über »bewußtseinserweiternde«, »kreative« Eigenschaften von Haschisch erinnert. Dieses Rauschmittel wird für gruppenweisen Konsum als geeignet eingeschätzt; das Image löst entsprechende Erwartungshaltungen aus. Auf diese Weise setzten sich in der hiesigen Szene seit 1968 vor allem Haschisch, ein Jahr später »LSD-Trips« durch. Diese Rauschdrogen erlangten nicht so sehr wegen pharmakologisch-physiologischer Eigenheiten Bedeutung als erst- und zweitgenommene Rauschmittel, sondern in erster Linie wegen ihres besonderen Images. Wer sich ausrichtet am Drogen-Image, am Gruppenkonsum, wird seine Rauschdrogenfolge an der gerade szene-üblichen Abfolge orientieren. Er nimmt, was »in«, was üblich ist und zeigt somit eine kollektive Drogensequenz.

Im übrigen bestehen durchaus Unterschiede in der Persönlichkeit und der sozialen Situation derer, die bei dem Mißbrauch von Haschisch und einigen anderen Rauschdrogen bleiben, und denjenigen, die zum Injizieren von Opiaten, Weckmitteln usw. übergehen. Schon der Umstand, daß Konsumenten aus höheren Schichten — z. B. Schüler, Studenten — stärker Haschisch und weitere Halluzinogene nehmen, seltener jedoch Fixer wurden, läßt die Bedeutung ausschließlich pharmakologischer Wirkweisen von Rauschdrogen für das »Umsteigen« auf »harte« Drogen und Einnahmeformen als verhältnismäßig gering erscheinen.

Gleichwohl lassen sich neben den zuvor dargelegten Aspekten einer Rauschmittelsequenz noch **konkrete Faktoren** ausmachen, die das **Umsteigen** von der wichtigen Anfängerdroge Haschisch auf härtere Mittel und gravierendere Einnahmeformen zu begünstigen vermögen. Dabei ist zu bedenken, daß diese Faktoren ebenso für andere Einstiegsrauschmittel zutreffen können. Solche Faktoren seien — ohne Anspruch auf Vollständigkeit — stichwortartig genannt:

Wer bereits mit dem schwächeren Haschisch oder Marihuana umgeht, hat eine gewisse Hemmschwelle überwunden; er ist risikobereiter, so daß eine Intensivierung und Variation des Rauschmittelumgangs auf weniger Widerstand stößt. Der Anfänger zeigt Bereitschaft zum Experimentieren und wird eher versucht sein, weitere Mittel kennenzulernen. Zudem kann der bisherige Rauschmittelumgang als enttäuschend, als nicht oder nicht mehr angenehm empfunden werden: Die Wirkkraft kann nachlassen; unangenehme Nebenfolgen machen sich bemerkbar

— etwa Schlaflosigkeit, Übermüdung, Konzentrationsschwierigkeiten, Leistungsminderung, Depressionen, Wahnzustände, sexuelle Störungen, Komplikationen mit sozialen Primärgruppen. Zu deren Beseitigung und zur Abwechslung werden weitere Rauschmittel empfohlen. Der Anfänger lernt über den Umgang mit diesem Mittel und über seinen Bezug Personen und Gruppen kennen, bei denen andere Rauschmittel gleichfalls genommen, Einnahmeriten verlockend vorgelebt, Rauschdrogen angeboten, Bedenken zerstreut, Neugier und Erwartung geweckt werden. Je fester er sich diesen Personen anschließt, um so mehr entfernt er sich von anderen, die Bedenken gegen eine Steigerung des Rauschmittelumgangs äußern und stärken könnten. Gruppendynamische Prozesse, Annäherungen an Subkulturen fördern das Umsteigen. Auch kann die erstgenommene Rauschdroge zeitweise knapp und teuer werden, so daß der Anfänger mangels Nachschubs aufhören oder auf andere, verfügbare Rauschmittel ausweichen muß.

IV. Kapitel

Wie junge Menschen zum Rauschmittelumgang und zur Sucht verleitet werden

Rauschmittelmißbrauch junger Menschen erschöpft sich nicht in selbstschädigenden Verhaltensweisen. Der illegale Rauschmittelumgang des einzelnen strahlt auf seine Umgebung und die Allgemeinheit aus. Dies ist das eigentlich Neue an der modernen Erscheinung. Daher seien zunächst wesentliche Unterscheidungsmerkmale des »klassischen Süchtigen«, des »Opium-Veteranen« oder »Morphinisten« von ehedem und des jungen Drogenmißbrauchers, des Polytoxikomanen oder Fixers von heute herausgestellt.

Klassischer Morphinist und heutiger Fixer

Schon in bezug auf Alter, Persönlichkeit und soziales Verhalten finden wir bedeutsame Unterschiede zwischen dem »klassischen Morphinisten« und dem Rauschmittelabhängigen, der im Brennpunkt des heutigen Geschehens steht. Der ehemalige Süchtige — Arzt, Krankenschwester, Invalide, Patient — war erwachsen, zunächst sozial integriert, dann — oft schicksalhaft — aus der Bahn geworfen. Er hatte nur selten eine vorangegangene »kriminelle Karriere«. Er blieb auch als Süchtiger allein, wirkte in der Regel nicht ansteckend, war also keine Quelle sozialepidemischer Ausweitung. Er hielt seinen Rauschmittelumgang und seine im wesentlichen auf Beschaffung gerichtete Kriminalität in für die Allgemeinheit erträglichem Ausmaß. Einnahmeform und -intensität, Rauschmittelart, Beschaffung blieben gleichförmig.
Ganz anders der heutige junge Rauschmittelnehmer, besonders der drogenabhängige Fixer. Das Einstiegsalter ist weit gesunken bis in die peripubertäre Lebensphase, ein Alter somit starker Prägbarkeit, mit Risiken und Risikobereitschaft. In ebendem Maße der Altersverlagerung hat zugleich eine Hinwendung zu Bevölkerungsteilen stattgefunden, die wir als in ihrer Persönlichkeits- und Sozialentwicklung besonders gefährdet erkennen können. Überwiegend stimmen Akten-, Strafanstalts-, Klinikuntersuchungen bei Rauschmittelabhängigen, weiterhin Repräsentativerhebungen bei Schülern, Studenten, Rekruten darin überein, daß Störungen in der Persönlichkeit, in der frühkindlichen-

Entwicklung, im häuslich-familiären Umfeld zum Experimentieren mit Rauschmitteln disponieren. Es sind dies die Bedingungen, welche gleichfalls zu sonstigen Ausdrucksformen jugendlicher Delinquenz und Kriminalität disponieren. So nimmt es nicht Wunder, daß wir schon bei vielen minder starken Konsumenten in Dunkelfelduntersuchungen auch vermehrt anderen Spielarten der Jugenddelinquenz begegnen. In zunehmendem Maß, fast schon durchgängig, ist bei Rauschmittelabhängigen vom Typus des Fixers eine vorangegangene delinquente Entwicklung feststellbar. Diese Delinquenzkarriere ist selten erst durch Rauschmittelumgang, Abhängigkeit und Rauschmittelmilieuumgang ausgelöst, wohl aber dadurch verändert, verstärkt, verfestigt. Der Fixer ist — im Gegensatz zum klassischen Morphinisten — ebenso ein **Polytoxikomaner** wie ein **Polytrop-Delinquenter**. Der Rauschmittelumgang dieser jungen Menschen trägt weitgehend symptomhafte Züge und ist mitunter austauschbar gegenüber anderen Formen abweichenden Verhaltens.

Der sozialepidemische Aspekt: Die Ansteckung

Entsprechend dem Einstiegsalter findet der Rauschmittelumgang junger Menschen in **peer groups**, also jenen Gruppen Gleichaltriger statt, in denen man die Freizeit verbringt. Je stärker und früher sich jemand familiärer Prägung entzieht oder Ersatz für innerfamiliäre Personbindungen außen sucht, um so anfälliger ist er auch für Rauschmittelumgang und Kriminalität. Rauschmittelkonsum in solchen peer groups und — in einem weiteren soziologischen Betrachtungsrahmen — in entsprechenden modischen subkulturellen Milieus ist **abgeleitetes abweichendes Sozialverhalten**. Das Ansteckende, das **sozialepidemische Moment**, läßt sich auf folgende Formeln bringen:

1. Rauschmittelumgang ist erlerntes Verhalten.
2. Jeder junge Rauschmittelkonsument leitet sein Verhalten von dem Verhalten anderer ab.
3. Jeder neue Rauschmittelkonsument hat selbst Teil an der weiteren Ausbreitung des Konsums, des Mißbrauchs, der Sucht.

Demzufolge werden die Arten der genommenen Rauschmittel, ihre Sequenz und Applikationsweisen, die Riten, Rechtfertigungs- und Verdrängungstechniken, die Erscheinungsformen der Kriminalität weitgehend bestimmt von jeweiligen Gepflogenheiten entsprechender Bezugsgruppen und Subkulturen. Die »Ansteckenden« sind regelmäßig Rauschmittelerfahrene in ihrer Rolle als Konsumenten, nicht als Händler; Erfahrene sind Lehrmeister der Neulinge. Das Verleiten anderer zum Rauschmittelmißbrauch geschieht in vielfältiger Weise, unmittelbar oder mittelbar, bewußt oder unbewußt, eigennützig und uneigennützig.

Nur bruchstückhaft ist dieses bedeutsame Verhalten strafgesetzlich erfaßt. Der weite Bereich dessen, was mit dem »Ansteckungsverhalten« zu tun hat, ist nur teilweise straftatbestandsmäßig definiert, vor allem in Besitz, Erwerb, Abgabe, Verabreichen oder Überlassen von Betäubungsmitteln, Gelegenheitverschaffen oder Gelegenheitgewähren zum Konsum, ferner in den Strafvorschriften über Körperverletzung und Nötigung, schließlich in den strafbaren Teilnahmeformen der Anstiftung und Beihilfe zu den genannten strafbewehrten Verhaltensweisen.
Der entscheidende Grund für die nur fragmentarische gesetzliche Erfassung des »Ansteckungsverhaltens« ist darin zu sehen, daß sich eine Reihe von Verhaltensweisen straftatbestandsmäßiger Umschreibung wesensmäßig entzieht — beispielsweise psychisches und materielles Fördern der Konsum-, Experimentier- und Rückfallbereitschaft, Gruppendruck, Wecken von Imitationsanreiz. Selbst das im Strafgesetz als Straftat Umschriebene entzieht sich weitgehend der Erfassung in der Praxis. Wichtige Formen des Verleitens werden kriminalpolizeilich kaum oder gar nicht erfaßt. Beachtet werden im allgemeinen nur die wichtigsten strafbaren Verhaltensweisen des Besitzes und der Weitergabe von Drogen. Unberücksichtigt bleiben so wichtige Verhaltensweisen wie Verschaffen von Gelegenheiten, Verabreichen — z. B. das »Anfixen« —, Verführen durch Überreden zum Rauschmittelmißbrauch und Hilfen bei der Durchführung, überhaupt die meisten strafbaren Teilnahmeformen. Bei diesen Verhaltensweisen ist das Dunkelfeld des polizeilich Unentdeckten total. Einer der entscheidenden Gründe ist auch hier die verfolgungsungünstige Täter-Opfer-Beziehung.
Das Verleiten des Neulings vollzieht sich in einem stufenweisen Lernvorgang, will man das Geschehen sozialpsychologisch beschreiben. Dieser Lernvorgang läßt sich in drei Stufen nachzeichnen: im Wecken der Konsumbereitschaft, im ersten Konsum und in der nachfolgenden Verarbeitung des ersten Erlebnisses.

Verleiten zum ersten Rauschmittelerlebnis

Der erste Rauschmittelumgang kommt im allgemeinen nicht völlig unerwartet und unvorbereitet. Ihm geht als erste Stufe ein **Prozeß der Einstimmung**, des Bereitwerdens voraus. Neugier wird meist schon geweckt durch ein allgemeines Konsumklima, durch die öffentliche Diskussion des Für und Wider, durch Diskussionen im Kreis Gleichaltriger. Dabei überschätzen »Rauschmittelbereite« das tatsächliche Ausmaß von Konsumbereitschaft und Erfahrungen im Umfeld der Altersgleichen. Die allgemeine Neugier wird verstärkt, wenn Experimentierbereite konkreten Rauschmittelumgang in ihrem Bekanntenkreis miterleben. Die meisten haben vor ihrem Erstkonsum bereits zugesehen, wenn andere Rauschmittel einnahmen. Die Mehrzahl hat überdies Angebote zum Mitmachen einmal oder öfter vor dem ersten Experiment

erhalten und zunächst noch abgelehnt. Selbst wenn jemand also später das erste Rauschmittel aus eigener Initiative nimmt, bedeutet dies doch nur, daß aufgrund von zunächst abgelehnten Angeboten anderer allmählich ein eigenes Verlangen gewachsen ist, daß also anfangs doch die Fremdinitiative stand.
Letztlich gehört zum Wecken der Konsumbereitschaft die Übernahme von Rechtfertigungstechniken und Erwartungshaltungen. Der Neugierige lernt von anderen, wie man Hemmungen überwindet und welche neue Welt sich mit dem Konsum öffnet. Stereotype Redewendungen kennzeichnen solche Rechtfertigungstechniken: Man könne nur mitreden, sich ein Urteil bilden aufgrund eigenen Konsums; die schönen Erlebnisse unter Rauschmitteleinfluß ließen sich nicht ausdrücken, nur selbst erfahren; der Konsum sei ungefährlich, was man daran erkenne, daß ja die anderen auch schadlos Mittel nähmen. Früher standen daneben noch stark modische Schlagworte im Vordergrund, die Erwartungen einer Bewußtseinserweiterung, Kreativität und Gemeinsamkeit durch »Gemeinschafts-Feeling« ausdrückten.
Beim **Vollzug des ersten Konsums** — der zweiten Stufe — zeigt sich erneut der Einfluß anderer. Das erste Mittel wird dem Neuen in der Regel angeboten. Solche Angebote aktivieren lediglich eine latente Bereitschaft. Sie sind letzter Anstoß im Rahmen eines längeren Vorgangs des Verleitens, an dem viele Personen und Umstände beteiligt sind. Insofern kann das Angebot an den bereits konsumbereiten Neuling für sich nicht als gravierendes »Verführen« betrachtet werden. Der Einfluß anderer drückt sich weiter dadurch aus, daß fast alle, insbesondere Mädchen, das erste Rauschmittel kostenlos erhalten. Ein wesentlicher Faktor des Verleitens zeigt sich darin, daß der Erstkonsum meist durch Freunde oder Bekannte vermittelt wird. Gleiches wird in anderen Ländern beobachtet. Für den Neuling liegt es nahe, die Vermittlung von Freunden und Bekannten in die Rauschmittelwelt anzunehmen, da er zur Zeit des Erstkonsums regelmäßig noch keinen festen Kontakt zur Drogen-Szene hat.
Schließlich kennzeichnet die Umgebung des Erstkonsums den Fremdeinfluß. Typischerweise wird das erste Rauschmittel in einer Gruppe, zumindest in Gegenwart eines Bekannten genommen. Dies gilt vor allem, wenn es sich um Haschisch handelt. Orte solchen Umgangs sind oft private Villen mit Party-Keller, Wohnungen oder »Buden« im Freundes- und Bekanntenkreis, öffentliche Parks und andere Orte des Stelldicheins Jugendlicher, wie Diskotheken, Teestuben, mitunter Heime oder Wohnkommunen. Anfangs geschah es in aller Öffentlichkeit auf Schulhöfen, Bahnhöfen, dem Universitäts-Campus, an Hippie-Treffpunkten in Großstädten. Jetzt überwiegen wohl private Ausweichstätten.
Die peer group hilft, letzte Hemmungen zu überwinden. Sie gewährt Sicherheit. Was man allein nicht zu tun wagte, tut man in der Gruppe

schon im Blick auf die anderen. Die Gruppe scheint überdies fast unverzichtbar, um den Neuling die Konsumtechnik, das **Konsumritual** erlernen zu lassen. Mancherlei psychische und technische Hilfen durch Erfahrene sind nötig. Innerhalb der peer group setzt der Ältere, Erfahrenere, am weitesten im Rauschmittelleben Fortgeschrittene oft Maßstäbe. An ihm erkennt der Neue, welchen Weg er noch vor sich hat, um voll dazuzugehören. Der Erfahrungs- und Anpassungsprozeß vollzieht sich nicht unter direktem Zwang, vielmehr unter gruppenspezifischen Sogwirkungen — peer group pressure. Der Neuling steht vor der Alternative, mitzumachen oder wieder auszuscheiden. Er wird von Erfahrenen mitunter mokant, herablassend behandelt; aber gerade dies scheint vielen eher Ansporn denn Grund zum Aufhören zu sein. Jeder Erfahrene in der Gruppe übt eine Verstärkerwirkung für die Anpassung des Neulings aus.

Der Einfluß anderer wird gleichfalls in der dritten Stufe der Initiation sichtbar, dem **Verarbeiten des ersten Erlebnisses**. Zunächst lernt der Neuling, wie er Wirkungen und Empfindungen des ersten Konsums zu beurteilen hat. Es ist erstaunlich, wie viele vom ersten Erlebnis enttäuscht sind, das versprochene »High-Sein« nicht erleben. Schwer auszumachen ist, wie viele Neulinge wegen enttäuschenden oder ausgesprochen schlechten Verlaufs — verbunden etwa mit Übelkeit — weiteren Rauschmittelumgang unterlassen. Vermutlich finden die meisten, besonders die enttäuschten Neulinge, in diesem Stadium der Rauschdrogen- und Szene-Erfahrung noch den Absprung; es dürften überwiegend diejenigen sein, deren familiäre und sonstige soziale Bindungen genügend stabil sind. Wenn sich trotzdem eine bedeutende Anzahl nicht vom enttäuschenden Erleben beeinträchtigen läßt, so ist dies wesentlich auf den Einfluß der Gruppe zurückzuführen. Der Neuling lernt nämlich, Unangenehmes in Angenehmes umzudeuten, trotz Mißerfolgs zu schwärmen, Negatives zu verdrängen, sich durch lästige Begleiterscheinungen nicht entmutigen zu lassen. Einige schämen sich in der Gruppe, den Mißerfolg einzugestehen. Andere äußern dies, erfahren dann aber zutreffende oder unzutreffende, jedenfalls mit der Autorität des Kenners vorgetragene Gründe, die es bei weiterem Konsum zu beachten gelte, um positive Wirkungen kennenzulernen: Mindere Stoffqualität, eine Rauschmittelfälschung oder falsche Dosierung, fehlerhaftes »Set« — psychische Ausgangslage, z. B. Angst — und fehlerhaftes »Setting« — Umgebung während des Konsums, z. B. ungünstige Musik —, ungenügende Inhaliertechnik, fehlende Erfahrung usw. werden verantwortlich gemacht. Der enttäuschte Neuling wird beschwichtigt und zu weiterem Konsum ermutigt.

Vom Konsumenten zum Dealer

Wer in der Gruppe bleibt, lernt nun, sich »kameradschaftlich« zu verhalten, und das bedeutet u. a. Abgabebereitschaft bezüglich vorhandener Rauschmittel. Ähnlich dem freizügigen Umgang mit Zigaretten in Kinder- und Jugendgruppen gehört zum Umgang in der Rauschmittelclique, von anderen zuerst Stoff anzunehmen, ihn bald aber selbst zu besorgen und weiterzugeben. Sich-Spendieren-Lassen verpflichtet zum Selbst-Spendieren. Besitz selbst erworbener kleiner Mengen von Rauschmitteln bedeutet daher im allgemeinen zugleich Bereitschaft, andere daran teilhaben zu lassen. Wer diesen Schritt scheut, wird sich entschließen müssen, aus der Gruppe »auszusteigen«, denn den Ruf des Schmarotzers oder »Schnorrers« wird kaum jemand in Kauf nehmen wollen.

Von Erfahreneren lernt der inzwischen eingeübte neue Konsument, wo er weitere Rauschmittel erstehen kann. Einen Teil hiervon gibt er in der Gruppe zunächst kostenlos, dann zum Selbstkostenpreis und schließlich gegen Gewinnaufschläge ab. Er lernt Dealer kennen, von denen er günstiger und in größeren Mengen Rauschmittel beziehen kann. Das Dealen als Quelle für Stoff und Geld bietet sich als nächstliegendes Mittel an. Bis hierher bedarf es eines einfachen Lernprozesses, kaum aber großer Überwindung, denn die Rolle des Gelegenheits- oder Kleindealers ist als selbstverständlich allgemein weitgehend akzeptiert. Spätestens im Zeitpunkt des Übergangs zu regelmäßigem Dealen und damit zum Bestreiten des gesamten Lebensbedarfs auf illegale Weise hat der Konsument seine bisherigen sozialen Bindungen abgebrochen — Familie, Schule, Beruf; spätestens jetzt ist er in die Subkultur der Drogen-Szene integriert.

Ist man erst einmal als ständiger Dealer bekannt, erscheint der weitere Aufstieg in der **Rollenhierarchie** nahezu vorprogrammiert: Während man sich anfangs um Kunden im Bekanntenkreis bemühte, kommen die Abnehmer nun von selbst; Abnehmerkreis und Nachfrage wachsen. Auch das Angebot seitens des Lieferanten wird verlockender; dieser bietet bei größerer Abnahme günstigere Bedingungen. Ein Übriges bewirkt der Profitanreiz. Auch lernt man größere Dealer und deren Wohlstand kennen. Regelmäßiger Kauf und Verkauf vergrößern das Vertrauen auf beiden Seiten. Die auf gegenseitiges Vertrauen gestützte Handelsbeziehung wird als »gute connection« im Szene-Jargon bezeichnet. Zum weiteren Aufstieg bedarf es also keiner großen Überwindungskraft und keiner Anstöße; er kann allenfalls durch äußere Einflüsse, wie Polizeiauffälligkeit oder allzu schnelle Rauschmittelkarriere, gebremst werden. Der Dealer lernt nun, den mühsamen Kleinverkauf an Verbraucher durch andere ausführen zu lassen und selbst eine Zwischenhändlerposition einzunehmen. Die neue Rolle des »Arbeitgebers« verschafft ihm erhöhtes Selbstwertgefühl und meist auch Ansehen.

Verleiten zum »Fixen«, Proselytenmache

Nahezu jeder dauerhafte Rauschmittelkonsument betätigt sich zumindest zeitweilig mehr oder minder intensiv als Dealer. Aber er ist zugleich auch der Versuchung ausgesetzt, weitere Konsumentenrollen und -riten zu übernehmen, die er alsbald kennenlernt. Höchste Stufe und in mehrfacher Beziehung Endstation auf dem Wege in eine Rauschdrogen- und Suchtkarriere ist das intravenöse Injizieren von Rauschmitteln — »Schießen«, »Drücken«, »Fixen« —, also Rolle und Erscheinungsbild des **Fixers**.

Die Einflußnahmen anderer auf den Neuling im Injizieren sind insofern unterschiedlich gegenüber dem Verleiten zum ersten Drogenkonsum; denn einerseits ist der Erstfixer bereits weitgehend in die Drogen-Szene integriert und verfügt daher über mehr Erfahrungen und Verbindungen, und andererseits sind bei der ersten Injektion größere psychophysische Hemmungen zu überwinden. Wiederum kann der Einfluß anderer anhand einiger Faktoren nachgewiesen werden.

Ein Teil der neuen Fixer kann sich nun schon selbst den ersten Injektionsstoff beschaffen. Auch hier steht am Beginn meist kostenloser Erwerb, wenngleich »Fixgifte« seltener verschenkt werden. Zumindest Mädchen pflegen anfangs freigehalten zu werden. Die Initiative zur ersten Injektion geht wieder überwiegend von Bekannten des Neulings aus, obwohl nun schon manche selbst initiativ werden. Wie bei dem ersten Konsum sind fast alle bei der ersten »Fixe« innerlich vorbereitet. Häufige Beobachtungen — oft in derselben Clique —, manche Angebote, Aufforderungen, Versuchungen gehen voraus. Der Neue wird — wie es im Szene-Jargon heißt — »heiß-«, »geil-«, »scharf-« »angemacht auf den ersten Schuß«. So äußerte etwa ein »Fixer« gegenüber einem »Hascher« in einem Heim: »Wat, Shit rauchste? Is doch Milch, is doch wat für Babies.«

Die Erstinjektion geschieht seltener als der erste Drogenkonsum in größeren Cliquen und an öffentlichen Stätten. Der Rückzug in die kleinere Clique beginnt bis hin zur späteren völligen Vereinsamung. Die Fremdeinwirkung, das Verleiten, zeigt sich jedoch am deutlichsten bei der Durchführung der Erstinjektion. Der Erstfixer ist auf die Hilfe anderer angewiesen. Fast jeder hat »seinen **Anfixer**«. Selbst wer die erste Injektion an sich vornimmt, hat doch ein unmittelbares Vorbild, an dessen Verhalten er sich ausrichtet. Hilfestellungen betreffen nicht nur das Einführen der Injektionsnadel, sondern auch den gesamten technischen und ritualen Ablauf des »Fixens«, die Einstimmung, das Zubereiten der Droge, das Abbinden des Armes usw. Vor allem gehört dazu das Ausleihen des Injiziergerätes.

Dabei werden im allgemeinen keine Vorkehrungen für eine sterile Injektion getroffen. Anderen das eigene, bereits benutzte, insterile Gerät zur Verfügung zu stellen, ist unter Fixern üblich. Daher vor allem rührt die Ausbreitung verschiedenartigster ansteckender Krankheiten im Drogen-Milieu. Zu nennen ist insbesondere die **infektiöse Gelbsucht**. An ihr erkrankt die Mehrzahl der Fixer. Sie wird hier und andernorts geradezu als Statussymbol des echten Fixers oder »junkie« betrachtet.

Der »Gilp« — die Gelbsucht — gilt als Beweis der Zugehörigkeit zur Fixer-Szene. Ihn bereits gehabt zu haben, ist für den Fixer fast selbstverständlich. Der »erste Gilp« ist eine der zahlreichen Initiationen. Wer ihn noch nicht hatte, gilt als Anfänger. Nicht ohne Stolz sprechen Fixer von »ihrem Gilp«. Gefährlichkeit und mögliche Auswirkungen für den einzelnen sowie das hohe Ansteckungsrisiko werden von den meisten nicht erkannt, verdrängt oder verharmlost. Nur wenige ziehen Konsequenzen und selbst diese unzureichend, etwa eigenes Injiziergerät zu besorgen und etwas sorgfältiger auf ein Säubern des Geräts zu achten. Sogar ernste Folgen, wie Leberzirrhose oder andere schwere chronische Erkrankungen, werden nicht in voller Tragweite erfaßt. Gelegentlich infiziert man andere bewußt.

Zum Einwirken auf den Neuling gehört außerdem, ihm seine Angst vor der ersten Injektion und etwaigen Folgen zu nehmen. Immerhin räumt ein beträchtlicher Teil befragter Fixer ein, Angst vor der Injektion gehabt zu haben, Angst vor dem Schmerz des Einstichs, davor, Blut zu sehen, vor dem Kollabieren usw. Dem Neuling wird ein falsch verstandenes Tapferkeitsideal aufgedrängt; er fühlt sich zu einer Mutprobe herausgefordert.

So wie die meisten »ihren Anfixer« hatten, sind viele Fixer bereit, andere »anzufixen«. Es scheint jedoch einige zu geben, die dies strikt ablehnen und sogar Neulinge davor warnen, andere, die es tun, wenn es der Neugierige mehr oder weniger nachdrücklich wünscht, einige wenige indessen, die auf diese Weise geradezu missionarisch Gefolgsleute gewinnen, **Proselyten** machen. Solche »Anfixer« stellen eine erhebliche Gefahr, einen der stärksten Infektionsherde der epidemischen Suchtverbreitung unter jungen Menschen dar.

Die Motive solcher Proselytenmacher scheinen vielfältig und vielschichtig zu sein. Im Vordergrund dürfte Angst vor Vereinsamung stehen mit dem Drang, Bekannte um sich zu scharen. Manche suchen im Bewußtsein, als Fixer nicht mehr lange zu leben, andere durch gleiches Schicksal an sich zu binden. Dabei mag der Wunsch beteiligt sein, durch das »Anfixen« neue Bekannte zu gewinnen, die einem später helfen, wenn man selbst nicht mehr injizieren und Stoff beschaffen kann. Mancher Fixer, zu dem wegen seiner sexuellen Impotenz kein Mädchen mehr hält, versucht, auf diese Weise wieder Mädchen an sich zu binden. Bei anderen handelt es sich um Renommiergehabe. Auch scheint ein regressives, kindhaftes »Onkel-Doktor-Spielen« mitzuschwingen. Nicht auszuschließen ist bei manchen eine sadistische Perversion. Selten dürfte der Zweck, künftig süchtige Konsumenten zu gewinnen, eine Rolle spielen. Solches »Anfixen« und Proselytenmachen geschieht besonders dort, wo Rauschmittelkonsumenten in sehr engem Kontakt miteinander leben, z. B. in Kommunen und Strafanstalten.

Die Proselytenmache wird eindringlich geschildert in einer Selbstdarstellung:

»Ich weiß nicht, ob das bei allen Fixern so ist, aber ich mein' noch immer, ich müßt' alle Leute anschießen. Den ersten Schuß verschenk ich immer. Ich mein' am Anfang immer, ich würd' den Leuten was unheimlich Gutes tun, weißt Du — irgendwie — irgendwie — irgendwie was zeigen, was sie noch nie gehabt haben, was noch nie dagewesen ist, irgendwie was Besseres als alles andere, als Trip und kiffen. Und die Leute, die sagen dann auch immer — Mensch, Typ, das ist sagenhaft! Das ist das Irre dann noch. Ich hab' 15-, 16jährige Weiber angeschossen, und die ließen das mit sich machen! Die eine hatte keine Venen, da hab' ich noch fünfmal gebohrt. Ist'n Heidenspaß! Kalle hab' ich auch. Die Aachener wollten allemale nicht schießen. N'bißchen gesagt, sie wären feige und da wollte Kalle — auf einmal springt er auf —, da, komm Typ, setz mir'n Schuß! Ich hab da schon einen gemixt — ich denk, daß ihm direkt die Schuhe ausfallen. Peng! War er mit hingekippt. Hat dann nachts bis zwölf Uhr bei mir noch gesessen und meint, er hätte urige Kopfschmerzen. Hab' ich gesagt, mußt noch 'n Schuß machen. Ihm direkt noch 'n zweiten gesetzt. Den zweiten hat er aber schon bezahlt. Ich kann die Leute auch nicht verfluchen, die mich angeschossen haben. Ich meine, ich hab' selbst die Entscheidung getroffen — mach's! Da ist jeder selbst dran schuld . . .!«
Und eine Fixerin berichtet: »Es gibt Fixer, die entweder sadistisch veranlagt sind oder aus Dummheit bösartig, die sich einen Spaß daraus machen, andere anzufixen . . . Die fixen andere Leute an, weil sie einfach möchten, daß es den anderen so geht wie ihnen. Daß es ihnen genauso dreckig geht, daß sie genauso gehetzt werden, daß sie genauso todlebendig sind wie sie selbst.«

Es liegt auf der Hand, daß gerade derartige Proselytenmacher wenig Rücksicht auf etwaige schädigende Folgen nehmen. Sie legen den Maßstab ihres eigenen Konsums und ihrer jeweiligen Mitteltoleranz an. Auch will der Neuling seinem »Meister« in der Dosierung nicht gern nachstehen. Es wird über zahlreiche Unfälle und Unverträglichkeiten bei solchen Erstinjektionen berichtet.
Abgesehen von der selteneren Proselytenmache sind einfache Injizierhilfen gegenüber anderen Fixern selbstverständlich. Situationen solcher »Fixhilfen« sind insbesondere folgende: Am Anfang einer Fixerkarriere bedürfen die meisten längeren Einübens durch Erfahrene, bis sie Mut und technische Fertigkeit besitzen, selbst die Injektionen vorzunehmen. Die Phase des Angewiesenseins währt Stunden, Tage oder Monate. Weibliche Fixer benötigen eine noch längere Einübungszeit: Aus physischen Gründen ist die intravenöse Zufuhr bei ihnen schwieriger; sie zeigen sich zudem bei derartigen Verhaltensweisen zurückhaltender als Jungen; überdies wird ihnen leichter Hilfe von ihren männlichen Bekannten angeboten, wie sie ja ohnehin in erster Linie durch ihre männlichen Partner zum Fixen verleitet werden. Eine weitere Situation des Angewiesenseins auf die Hilfe anderer stellt sich in einer späteren Phase der Fixerkarriere ein, wenn der Fixer wegen vieler Narben, Entzündungen und Schwellungen die Vene nicht mehr findet oder infolge anhaltenden Mißbrauchs körperlich und psychisch außerstande ist, selbst zu injizieren. Er weint und bettelt dann — zumal im Zustand schwerer Entzugssyndrome — um Hilfe. In dieser Lage vermag kaum jemand, seinem Wunsch zu widerstehen. Der Hilfesuchende versteht es, im Zögernden Schuldgefühle zu wecken. Er mahnt ihn, es könne

ihm einmal genauso gehen. Manche berichteten, daß sogar Eltern, Geschwister und Bekannte, die selbst nicht Mittel mißbrauchen, an ihnen Injektionen vornahmen. Einer erwähnte, seine Mutter habe ihm und seinen Fixer-Bekannten dabei geholfen, weil sie vor der Wahl stand, ihren Sohn andernfalls zu verlieren. Schließlich werden Injizierhilfen aus rituellem Anlaß gefordert, so etwa, wenn Fixer das »Stereo-Schießen« vornehmen, also sich z. B. gegensätzlich wirkende Opiate und Weckmittel gleichzeitig in je eine Armvene verabreichen lassen.

Sonstige Formen des Verleitens

Einige weitere Situationen des Verleitens verdienen, besonders hervorgehoben zu werden.
Dazu gehört zunächst das **Verleiten zur Rückfälligkeit** körperlich rauschmittelentwöhnter Patienten. Jeder ehemalige Fixer muß mit zahlreichen Versuchungssituationen in Entziehungseinrichtungen und nach der Entlassung rechnen. In therapeutischen Einrichtungen versuchen diejenigen, die rückfällig werden, nur zu gern, andere mitzuziehen, so daß mitunter ganze Therapiegruppen »umkippen«. Noch schwerer ist es, nach der Entlassung den Versuchungen zu widerstehen. Dem ehemaligen Fixer mangelt es meist an Selbstvertrauen und Standfestigkeit. Vor allem wirkt sich seine soziale Abhängigkeit von dem Milieu der Drogen-Szene ungünstig aus. Sein Bekanntenkreis beschränkt sich im wesentlichen auf Rauschmittelkonsumenten. Immer wieder betonen umkehrwillige Fixer, sie hätten Angst vor der Entlassung und der Begegnung mit ihrer alten Clique. In ihrer wenig gefestigten, schwankenden, ambivalenten Einstellung können sie nur schwer der Versuchung widerstehen, gerade diese ihre alten Bekannten und die Szene-Treffpunkte wieder aufzusuchen. Man versucht dort, in mancherlei Weise auf sie einzuwirken. Bald bietet man ihnen kostenlos Stoff an in geheuchelter Barmherzigkeit und schwärmt von der Wirkung, bald appelliert man an ihre Solidarität, bald macht man sich über ihren Rückzug lustig. Äußert jemand, er wolle »echt aufhören«, dann heißt es, er solle »keine Sprüche kloppen«, er »bringe es« sowieso nicht, keiner habe es bisher geschafft, er solle sich lieber wieder einen »Schuß setzen«. Selbst wenn jemand diesen Kontakt zu meiden sucht, bleiben Verführungen nicht aus. Man findet schnell die neue Anschrift des ehemaligen Fixers heraus. Erfährt man gar, er verdiene wieder Geld, besucht man ihn, um eine Bleibe zu finden und vorübergehend unterstützt zu werden. Wie Kletten hängen sich alte Bekannte an den, der beginnt, sich sozial zu stabilisieren. Manche lassen es nicht dabei bewenden, zu schmarotzen, sie trachten danach, den anderen wieder in die Abhängigkeit zu verstricken. Offenbar ist es vielen Rauschmittelabhängigen unerträglich, bei anderen charakterliche Festigkeit zu beobachten.

Selbst Helfer werden verleitet. Fixer verstehen es, die Standfestigkeit von Laien und sogar Fachleuten, die in Drogenberatungsstellen, Wohngruppen oder in der Szene selbst sozialtherapeutisch tätig werden, erst recht von ehemaligen Süchtigen, die nunmehr in der Therapie mithelfen wollen, zu testen. Hilfswilligen fehlen vielfach nötige Sachkunde, Erfahrung im Umgang mit Abhängigen, Festigkeit und erforderliche Distanz, um sich solchen Einflüssen zu entziehen. Derartiges Verleiten geschieht besonders dort, wo sich jemand enthusiastisch, aber unerfahren mit einem Abhängigen zu einer Lebens- und Liebesgemeinschaft verbinden will, um ihn zu heilen. Jeder Teilnehmer von Diskussionen mit Abhängigen, jeder Forscher und Therapeut weiß, wie nachdrücklich Rauschmittelkonsumenten immer wieder darauf pochen, man müsse eigene Erfahrungen haben, um mitreden oder sogar helfen zu können. Unkundige Helfer erliegen häufig solchen ebenso bestechenden wie törichten Argumentationen. Sie stiften dann eher Schaden als Nutzen.
Als Kriminologe, der sich dem Rauschmittelproblem lange intensiv gewidmet hat, wurde der Verfasser von Betroffenen, Eltern, Lehrern und sogar Fachkollegen immer wieder gefragt, ob und welche Erfahrungen er selbst mit entsprechenden Rauschmitteln gemacht habe. Schon die Frage, deren Verneinung oftmals auf Erstaunen stieß, zeigt, wie sehr man jener scheinbar einleuchtenden Argumentation erlegen ist, wie schnell Argumentations- und Rechtfertigungsmuster der Drogen-Szene die öffentliche Meinungsbildung beeinflußt haben. Der Forscher, überhaupt der Erwachsene, den ohnehin Alter, Denken, sozialer Standort und Erfahrung von jungen Menschen, die mit Rauschmitteln umgehen, trennen, wird im Rauschmittelexperiment nie das erleben und nachvollziehen können, was junge Menschen mit Rauschdrogen im Ritual der peer group erleben und erwarten. Trachtet er dennoch danach, könnte dies auf die Betroffenen eher wie ein Sich-Anbiedern, als unecht empfunden werden; Distanz — die keineswegs menschliche zu sein braucht — wird damit nicht verringert, wohl aber Autorität verloren. Dies gilt nicht nur für den Rauschmittelumgang selbst, sondern auch für Gebaren, Jargon, Lebensweise. Autorität im Umgang mit therapiebedürftigen Rauschmittelabhängigen gewinnt allerdings am ehesten derjenige, der auch Distanz gegenüber anderen suchtbildenden Mitteln — wie Alkohol und Nikotin — vorlebt. Insofern wirkt in der Tat mancher erwachsene Mahner wenig überzeugend. Und tatsächlich verdeutlichen Repräsentativerhebungen, daß Rauschmittelkonsumenten oder doch potentielle junge Konsumenten häufiger aus Familien stammen, in denen Suchtmittelumgang vorgelebt wurde.

V. Kapitel

Ärzte und Rauschmittel-Patienten: Das Erschleichen von Verschreibungen

Vorbemerkung

Ärzte haben es bei den meisten Rauschmittelabhängigen mit **atypischen Patienten** zu tun. Diese suchen im Arzt häufig nicht den Helfer zur Gesundung, sondern den Handlanger ihrer und ihrer Bekannten Krankheit und Selbstschädigung. Dabei kommt ihnen zugute, daß Ärzte weder mit solchen Verirrungen des Arzt-Patient-Verhältnisses rechnen noch durchweg mit Erscheinungen der neueren Rauschmittelabhängigkeiten und Praktiken von Rauschmittelmißbrauchern genügend vertraut sind.

Die Geschichte des Erschleichens ärztlicher Verschreibungen reicht weit zurück. Es ist im Ausland ebenso bekannt wie hier und hat im Rahmen der neueren Rauschmittelepidemie einzigartige Bedeutung erlangt. Diese Art, sich Rauschmittel zu beschaffen, erfordert verhältnismäßig wenig »kriminelle Energie« und nur geringen Kostenaufwand, außerdem bleibt das Entdeckungsrisiko klein. Sie hat für junge Rauschmittelabhängige mehr und mehr die Rolle eines Ausweichbeschaffungsmusters gewonnen für Zeiten, in denen die übliche Beschaffung auf dem Schwarzmarkt vorübergehend gestört ist. Das Rezepterschwindeln nahm besonders zu, als Apothekeneinbrüche erschwert wurden.

Ausmaß und Gepflogenheiten der Rauschmittelbeschaffung über ärztliche Verschreibungen hatten im einzelnen folgende Auswirkungen: Manche Süchtige wurden in ihrer Suchthaltung bestärkt. Für viele war diese Möglichkeit das erwünschte Alibi, einer an sich längst fälligen Entziehungsbehandlung auszuweichen. Solange noch ein Arzt zu finden war, der Drogen abgab, sah man sich nicht zum letzten Mittel — der Klinikaufnahme — gezwungen. Weitere Rauschmittelkonsumenten wurden gewonnen, da viele Fixer von den auf diesem Wege in reichlichem Maße bezogenen Medikamenten Teile an andere, auch neue Konsumenten, abgaben. Weitere suchtbildende oder suchtfördernde Mittel wurden in die Szene eingeführt, die Vielfalt der Rauschmittel und der Experimentiermöglichkeiten bereichert. Bisher wenig bekannte Formen der Abhängigkeit und der Rauschmittelunfälle traten auf. Zeitweilig konnten sich einige Fixer auf diesem Wege üblichen Formen sozialer Kontrolle, besonders dem Zugriff der Polizei, entziehen; es bildete sich ein neuer Schattenbereich des Unkontrollierten und Unkontrollierbaren im System der Sozialkontrolle. In gewissem Umfang half diese Quelle, die Kontinuität der Fixer-Szene zu wahren.

Das Rezepterschleichen ist ein Delikt im wesentlichen ohne unmittelbar geschädigtes Opfer. Hingegen machen sich nach dem Gesetz meist beide an diesem Vorgang Beteiligten — Rauschmittelkonsument und Arzt — strafbar. Diese rechtliche Struktur hat zweierlei Konsequenzen: Zum einen sind Strafverfolgungsorgane verpflichtet, von Amts wegen gegen beide am Delikt Beteiligten zu ermitteln. Zum anderen wird keiner der beiden Beteiligten bereit sein, den anderen anzuzeigen. Der Arzt kommt ohnehin nicht mit Verfolgungsbehörden in Berührung und würde sich nie selbst bezichtigen. Der Patient hat zwar in der Regel öfter im Laufe seiner Rauschmittelkarriere Kontakt mit der Kriminalpolizei, scheut aber oft die Preisgabe der Ärztenamen, um sich und anderen die Bezugsquellen nicht zu verbauen und um nicht ohne Anlaß eigene Delikte offenzulegen. Da Dritte in den Vorgang kaum hinreichenden Einblick erhalten, ist also nur selten ein Anknüpfungspunkt für ein Ermittlungsverfahren gegeben. So verwundert es nicht, daß fast nie Ermittlungsverfahren gegen Patienten und nur selten Verfahren gegen Ärzte wegen solcher Verschreibungsdelikte eingeleitet werden. Verfolgungs- und Justizorgane erfahren zwar gelegentlich von Rauschmittelkonsumenten im Laufe größerer Vernehmungen und Geständnisse über Praktiken bestimmter Ärzte. Dies führt aber in aller Regel nicht zu einer Ausweitung der Ermittlungen auf diese Beschaffungsdelikte der Konsumenten und nur bei starker Häufung solcher Angaben zu Ermittlungen gegen einen Arzt. Dennoch gegen Ärzte durchgeführte Ermittlungen enden regelmäßig mit einer Einstellung durch die Staatsanwaltschaft mangels hinreichenden subjektiven Tatverdachts; dies wiederum entmutigt bisweilen die Kriminalpolizei, die mit erheblichen Mühen verbundene Ermittlungsarbeit überhaupt einzuleiten.

Rauschmittelabhängige als »Patienten«

Eine Vielzahl junger Rauschmittelabhängiger vom Erscheinungsbild des Fixers sucht gelegentlich oder regelmäßig Ärzte auf, um Rauschmittel zu erhalten. In der Ärzteschaft wurde dies mitunter fehlgedeutet als allgemein wachsende Krankheitseinsicht und zunehmende Behandlungsbereitschaft. Nur in einer Minderzahl werden Ärzte konsultiert im ernsthaften Bemühen, von der Abhängigkeit freizukommen oder in einem Notfall wirklich behandelt zu werden. Allerdings ist es ein häufiges Motiv, tatsächlich auf ein geringeres Suchtniveau herabgestuft zu werden, z. B. vom »Opiatfixen« zum »Valoronschlucken« — dies jedoch nicht, um nach und nach rauschmittelunabhängig zu wer-

den, sondern vielmehr, um die als angenehm empfundenen Rauschmittelwirkungen wieder wahrnehmen zu können, mitunter auch, um sexuelle Potenz zurückzugewinnen, die im Laufe der Sucht regelmäßig verlorengeht, oder, um wieder die Rolle als Dealer in der Szene zu übernehmen. Oft gilt es, vom Arzt zu erhalten, was man aus sonstigen Bezugsquellen nicht mehr bekommt. So äußerten Fixer, für sie sei mit Ausnahme der Fälle »guter Adressen«, d. h. der Beziehung zu einem Arzt, der ihnen ständig Drogen verschreibt, das Betteln bei Ärzten letztes, aber meist doch sicheres Mittel des Rauschmittelbezugs gewesen, wenn aus physischen oder aus Gründen der Marktsituation Mittel nicht mehr auf andere Weise zu beschaffen waren.
In der Selbsteinschätzung junger Rauschmittelabhängiger bedeutet das »Ärzte-Linken« etwas durchaus Normales, Selbstverständliches, in keiner Weise Kriminelles. Es ist für sie eine der harmlosesten Beschaffungsmuster. Solche, die gewöhnt sind, durch schwerere Delikte jeweils schlagartig zu weit größeren Stoffmengen zu kommen, bewerten diese Form der Kleinbeschaffung eher als dilettantisch und eines echten Fixers unwürdig; jedoch scheuen auch sie den Bettelgang zum Arzt nicht, wenn andere Quellen versiegen.
Der erstaunlich große Erfolg Rauschmittelabhängiger im Umgang mit Ärzten beruht im wesentlichen auf ihrer Fähigkeit, sich zu verstellen, Rollen zu spielen, Mitleid zu erregen und andere wie sich selbst zu täuschen. Diese Charakterzüge und Lebenstechniken, die sie in ihrer Rauschmittelkarriere annehmen bzw. in der Subkultur der Drogen-Szene erlernen, stellen sie teilweise durchaus bewußt und gezielt in den Dienst der Mittelbeschaffung über Ärzte. Solche Spieltechnik, die bereits früheren Süchtigen geläufig war, ist zugleich einer der wesentlichen Gründe dafür, daß Mädchen weit größeren Erfolg bei Ärzten haben als Jungen. Ihnen gelingt es leichter, Harmlosigkeit vorzutäuschen, arm und elend zu erscheinen und auf diese Weise Mitleid zu erregen. Überdies setzen manche Mädchen geschickt ihre jugendliche Attraktivität im Umgang mit Ärzten ein. Männliche Rauschmittelabhängige nutzen die Fähigkeiten ihrer weiblichen Bekannten oft aus, indem sie die Mädchen für sich »wegen ihres treuen Blicks« bei Ärzten Mittel besorgen lassen. Selbst für erfahrene Mitarbeiter in Kliniken ist es nicht leicht, das Spiel des Süchtigen zu durchschauen. So wurden Therapeuten mitunter gerade von den Patienten am ärgsten hintergangen, zu denen sie größtes Vertrauen hatten; sie empfahlen daher ihren Mitarbeitern eine Haltung des totalen Skeptizismus.

Verschreibende Ärzte

Die Auswahl der als Verschreiber in Anspruch genommenen Ärzte ist unterschiedlich. Einige »gute Adressen« werden im Bekanntenkreis — mitunter entgeltlich — weitergegeben. In entsprechenden Arztpraxen waren zeitweilig so viele Fixer anzutreffen, daß sie zu bevorzugten, sicheren Kommunikationszentren der Fixer-Szene wurden. Einige Fixer, die mit bestimmten Tricks eine Vielzahl von Ärzten systematisch aufsuchten, entnahmen die Anschriften Branchenverzeichnissen des jeweiligen Bezirks. Wieder andere besuchten in jedem Einzelfall wahllos einen Arzt nach dem anderen, bis sie Erfolg hatten. Ein Fixer, der häufig »Ärzte abklapperte«, schätzte, daß bei wahllosem Aufsuchen von Ärzten etwa jeder fünfte bereit war, einmalig Mittel abzugeben oder zu verordnen. Zuerst versuchten es aber die meisten bei ihrem Hausarzt.

Zunächst wirkt sich aus, daß wohl eine allgemeine Verschreibungsfreude und die Bereitschaft, sich bei Verschreibungen den Wünschen der Patienten weitgehend anzupassen, unter Ärzten verbreitet sind. Wie anders könnte es zu begründen sein, daß die Verschreibung z. B. von Weck-, Beruhigungs- und Schlafmitteln ohne zwingende medizinische Indikation auch gegenüber jungen Menschen so stark zunimmt? Ferner kommt den Rauschmittelkonsumenten der Umstand zugute, daß einige der üblicherweise von Ärzten verordneten Medikamente bei höherer Dosierung und bestimmter Kondition Rauschwirkungen hervorrufen, sogar Wirkungen, die denen des indizierten Gebrauchs völlig zuwiderlaufen. Bekanntlich sind junge Rauschmittelabhängige in den letzten Jahren von schwerer erhältlichen Opiaten auf freizügig rezeptierte Medikamente ausgewichen, etwa auf »Valoron«. Es muß als ärztlicher Kunstfehler angesehen werden, wenn jungen Süchtigen oder Suchtgefährdeten überhaupt derartige potentielle Ersatzrauschmittel in ambulanter Behandlung verschrieben werden. Schließlich nutzen Rauschmittelkonsumenten bewußt die unter Ärzten oft anzutreffende Unkenntnis über Arten, Indikationen, Wirkweisen, rechtliche Klassifizierung, Mißbrauchsmöglichkeiten und rechtliche Verschreibungsregeln der dem Betäubungsmittelgesetz unterliegenden Mittel aus.

Die **Motive der Ärzte** bei solchen Verschreibungen sind vielfältig. Weitgehend übernimmt man den vom Patienten angegebenen Verschreibungsanlaß. Im Vordergrund dürften dabei vermeintlich therapeutische Motive stehen: Viele Ärzte meinen, ihrem Patienten im wirklichen oder angenommenen Notfall oder gar auf längere Sicht medizinisch zu helfen, ihn von akuten Entzugserscheinungen oder Mißbrauchsfolgen zu befreien, ihn langfristig aus der Abhängigkeit zu lösen oder doch diese zu mindern. Immer wieder läßt man sich trotz aller Warnungen und Fehlschläge auf untaugliche Versuche ambulanter »Entziehungskuren«, auf ein Herabstufen von »härteren« auf »weichere« Drogen, von höheren auf geringere Dosierungen ein. Auch vertraut man unwahren und ungeprüften Angaben, es sei kein Klinikbett frei, man wolle sich schon vor Beginn einer stationären Entziehungskur herunterdosieren usw.

Vielfach scheinen es auch für ärztliche Ordination unübliche Hilfslosigkeit, Mitleid oder Resignation zu sein, die Anlaß für Verschreibungen

sind. So äußert man, der Patient erhalte auf diesem Wege wenigstens reine Stoffe in kontrollierbaren Dosierungen; auch würde er anderenfalls von Anderen Mittel bekommen. Mancher Arzt will durch eine Verschreibung den lästigen Störer seiner Sprechstunde loswerden. Mitunter wählt er diesen Weg als geringeres Übel gegenüber sonst zu erwartender, jedenfalls vom Patienten in Aussicht gestellter Kriminalität. Man übersieht, daß der Patient trotz solcher Medikation weitere Ärzte aufsucht und darüber hinaus häufig auch sonstige gewohnte kriminelle Beschaffungswege weiter beschreitet.
Bei einer kleinen Gruppe von Ärzten spielen weiterhin durchaus rechts- und standeswidrige Motive eine Rolle, besonders dann, wenn man wegen vorangegangener Regelwidrigkeiten von Rauschmittelkonsumenten unter Druck gesetzt wird. Bei bestimmten, sehr kleinen Gruppen von Ärzten haben es einige Rauschmittelabhängige offenbar besonders leicht, Rezepte zu bekommen: Nach Berichten von Fixern wurden mancherorts Morphinisten und Alkoholiker, aber auch homosexuelle Ärzte und solche, die illegale Abtreibungen durchgeführt hatten, ausfindig gemacht und in den Kreis »guter Adressen« eingeordnet. Der süchtige Arzt als bereitwilliger und erpreßbarer Vielverschreiber ist eine Erscheinung, die nicht erst in der neueren Rauschmittelepidemie auftritt. Wer sich erst einmal auf illegale Verschreibungen eingelassen hat, muß mit einem weiteren Kreis junger Rauschmittelabhängiger rechnen, dem er dann das Ausstellen des gewünschten Rezeptes kaum versagen kann.

Simulieren des Verschreibungsanlasses

Aus der Erfahrung eigener Erkrankungen, aber auch der Erkrankungen innerhalb seines Bekanntenkreises, wie überhaupt aus der intensiven Beschäftigung mit Krank- und Süchtig-Sein resultieren besondere Fähigkeiten des jungen Drogenabhängigen, Symptome bestimmter Krankheiten, bei denen Medikamentenverschreibungen üblich sind, zu simulieren. Er mimt dem Arzt gegenüber vorzugsweise Symptome solcher Erkrankungen oder Gesundheitsstörungen, deren Nachweis schwer ist und zu deren Behandlung üblicherweise Rauschmittel oder als Rauschmittel verwendbare sonstige Drogen verschrieben werden.
Lange Zeit war es üblich, Blasen- und Nierenerkrankungen vorzutäuschen. Opiatkonsumenten kam zu Hilfe, daß im Lauf der Drogenkarriere bestimmte Abstinenzerscheinungen auftreten, die leicht zur Fehldiagnose, z. B. einer Nierenkolik, führen. Wurde der entsprechende Abstinenzgrad mit dem Empfinden starker Schmerzen, Schweißausbrüchen u. a. nicht erreicht, konnte man ihn doch leicht vortäuschen. Auch schützte man Darmkoliken vor, um Opiumtinktur zu erhalten. Einige stellten sich dem Arzt mit schweren Hustenanfällen vor, damit er ihnen codeinhaltige Hustensäfte verordnete. Ferner gibt es eine Reihe von

Krankheiten und Störungen, bei denen von Allgemein- und Nervenärzten gern Beruhigungs-, Schlaf-, Weck- und Kreislaufmittel verschrieben werden. Einige verstehen sich darauf, Konzentrationsschwierigkeiten, Erschöpfungszustände, Nervosität, Leistungsschwäche, Prüfungsängste, Schlafstörungen vorzugeben oder zu übertreiben, um entsprechende Medikamente zu erhalten. Diese werden dann regelmäßig — soweit sie in Tablettenform gehandelt werden — in Wasser aufgelöst und hochdosiert injiziert, seltener nur hochdosiert geschluckt.

Mit zunehmender Aufklärung der Ärzte über solches Täuschungsverhalten gingen Rauschmittelabhängige dazu über, gerade ihre Abhängigkeit in den Dienst der erwarteten Verschreibung zu stellen. Es galt nun, die Symptome der Abhängigkeit und des Entzugs zu übertreiben, in Frühstadien Symptome der Spätstadien oder des Notfalls zu simulieren. Die Handlungsmuster lauteten etwa: »Kaputte Sprüche machen«, »tierischen Affen losmachen« (Entzugssyndrom), »wahnsinnige Qualen filmen«. Meist erhielt man »Polamidon«, aber auch »Distraneurin« oder »Valium«. Indem sich Ärzte auf derartige unkontrollierte Behandlungsmethoden einlassen, fördern sie bestehende oder lösen vereinzelt sogar neue Abhängigkeiten aus bzw. reaktivieren sie.

Gelegentlich wendet man sich an einen Arzt, dem man eine entsprechende Krankheit schildert mit dem Hinweis darauf, der Hausarzt oder — im Vertretungsfall — der vertretene Arzt verschrieben gewöhnlich bestimmte Medikamente. Beliebt ist der »Durchreisetrick«. Man sucht einen Arzt in anderen Orten auf und erklärt, man habe seine Medikamente vergessen oder verbraucht, der behandelnde Arzt praktiziere aber fernab. Dabei geben sich männliche Rauschmittelabhängige gern als Handelsvertreter aus. Der Trick gelingt offenbar noch besser, wenn man Ärzte nachts besucht. Die meisten, die sich zeitweilig auf solche Formen des »Ärzte-Linkens« einließen, wandten auch den »Notarzttrick« an. Da Notfall-, Nacht- und Feiertags-Bereitschaftsärzte ständig wechseln und in Eile Entscheidungen treffen müssen, konnte man sie wiederholt anrufen. Ihnen gegenüber simulierte man die üblichen Krankheiten und Suchterscheinungen, um sofort eine Injektion oder eine Verschreibung zu erhalten.

Bei der Untersuchung des Patienten, der Diagnose und der Behandlung verstoßen Ärzte in diesem Bereich oft gegen die Grundregeln ärztlichen Handelns. Schon weil die Verordnung von Betäubungsmitteln eine medizinische Indikation voraussetzt, die mit besonderen Risiken verbunden ist, und der Umfang solcher Verschreibungen gesetzlich stark beschränkt ist, aber auch weil man es mit unverläßlichen, verschlagenen Patienten zu tun hat, ist eine eingehende, persönliche Untersuchung erforderlich und ein strenger Maßstab anzulegen. Oft verlassen sich Ärzte ausschließlich auf die Angaben des Patienten oder gar — ohne persönliche Explorationen — auf die ihrer Sprechstundenhilfe oder Angehöriger. Personalien werden nicht überprüft, die Art der

Einnahme meist nicht kontrolliert. Zwar injizieren einige Ärzte Medikamente einmalig selbst in der Praxis. Verschreiben sie aber solche, gehen sie entweder davon aus, daß ihr Patient sich das Medikament selbst injiziert, oder sie machen sich darüber keine Gedanken. Jedenfalls ist die orale Einnahme unter Aufsicht des Arztes seltene Ausnahme. Dabei ist die Erkenntnis bedeutsam, daß Fixer oft noch größeren Wert auf die Art der Einnahme — nämlich das Fixen — legen als auf die Art des Rauschmittels. Deswegen lösen sie Tabletten in Wasser auf und injizieren diese Lösung; gerade dieses Einnahmeritual bestärkt sie in ihrer Fixerhaltung. Eine Verschreibung, die dies zuläßt, kann schon aus diesem Grunde kaum als therapeutische Maßnahme bewertet werden.

Ärztliche Dauerverschreibungen

In einen Mantel medizinisch-therapeutischer Theorien gehüllt, werden gelegentlich offiziell oder inoffiziell, behördlich geduldet oder gar gefördert Rauschmittel oder Ersatzdrogen an Süchtige dauerhaft verschrieben. War dies schon bei »klassischen Morphinisten« fragwürdig, so ist es bei jungen Rauschmittelabhängigen der gegenwärtigen Epidemie noch bedenklicher. Man nennt diese Art der Abgabe das **»Legalisieren«** und meint, auf diesem Wege den Abhängigen der Notwendigkeit krimineller Rauschmittelbeschaffung zu entheben, ihn womöglich gar auf einem gleichförmigen Suchtniveau zu halten und sozial zu stabilisieren.

Vorangegangene äußerst schlechte Erfahrungen in angelsächsischen und skandinavischen Ländern hätten hiesige Ärzte und Gesundheitsbehörden vor einer Übernahme solcher Praktiken warnen sollen. Offenbar muß aber jedes Land und damit auch eine Vielzahl von Ärzten erst das Scheitern solcher **»Erhaltungs-Therapien«** selbst erleben, ehe man Konsequenzen zieht. Freizügige Rauschmittelabgabe durch Ärzte an junge Süchtige stimulierte nach Meinung namhafter Wissenschaftler in Großbritannien und Schweden erst epidemische Ausweitungen von Fixer-Zirkeln. So wie in den USA das »Methadon« — der opiatsüchtige Patient wird auf legale Weise in eine Dauerabhängigkeit von diesem künstlichen Opiat versetzt, die Sucht wird verlagert — großenteils auf dem Schwarzmarkt landete, wurde auch bei uns ein großer Teil des hier freizügig verordneten »Polamidon« für illegalen Handel und Mißbrauch abgezweigt. Ja, der junge Süchtige beschritt oftmals unvermindert seine sonstigen kriminellen Beschaffungswege und nahm neben dem verordneten Rauschmittel oder statt dieses Mittels weitere illegal beschaffte Drogen ein.

Mißbrauch und Scheitern solcher Praktiken ist nicht verwunderlich, wenn man sich den Personenkreis dieser Patienten ansieht: Es sind nicht auf **ein** Rauschmittel festgelegte Morphinisten, sondern Polytoxikomane, die in jugendhafter Risikobereitschaft und Unstetheit Drogen wahllos und in schwankenden Dosierungen nehmen. Es sind überdies junge, primär sozialisationsgestörte Menschen mit schon weitgehend eingeschliffenen dissozialen und delinquenten Verhaltensweisen. Eine allgemeine körperliche und soziale Verwahrlosung läßt sich indes nicht mit einer Dauerverordnung bestimmter Rauschmittel korrigieren. Ebensowenig dürfte der umstrittene Therapieansatz stereotaktisch-hirnoperativer Eingriffe (»Hypothalamotomie«) mit seiner Analogie von der Sexualtriebanomalie zur Rauschdrogensucht solchem Phänomen umfassender Verwahrlosung bei jungen Süchtigen angemessen sein. Dabei ist auch immer zu bedenken, daß einer wirksamen Therapie nicht nur die Abhängigkeit des jungen Menschen von den Rauschmitteln, vielmehr ebenso seine Abhängigkeit vom Milieu der Drogen-Szene entgegensteht.

Erhaltungstherapie oder operative Behandlung sowie entsprechende Versuche, die Suchtproblematik junger Menschen zu lösen, sind überdies geeignet, als bequemere Auswege für die Betroffenen und die Allgemeinheit mißverstanden zu werden. Aber gerade die unbequemen, kostspieligen, nicht auf Resignation fußenden, eigentlich therapeutischen Wege versprechen einzig Beiträge zur Lösung der Suchtprobleme des Einzelnen und der Gesellschaft. Solche Wege führen weder an schwierigen, kontrollierten, stationären Entziehungsbehandlungen vorbei noch an langwieriger sozialtherapeutischer Weiterarbeit. Eine wirksame Behandlung kann also ausschließlich im Rahmen einer geplanten, **kontrollierten Therapiekette** erfolgen.

All diese Bedenken und ungünstigen Erfahrungen können nicht ernst genug genommen werden, wenn neuerdings wieder durch den zuständigen Senator in Berlin »Erhaltungstherapien« mit freizügiger Rauschdrogenabgabe an junge Heroinabhängige erwogen werden — wohl als Ausdruck der Resignation gegenüber der dort jäh wachsenden Problematik.

Rezeptfälschen

Im engen Zusammenhang mit dem Verschreibungserschleichen sind die Rezeptfälschungsdelikte zu sehen; auch sie gehören zum Arsenal althergebrachter und international bekannter Beschaffungsformen Süchtiger. Selten aber deckt ein junger Rauschmittelabhängiger vom Erscheinungsbild des Fixers seinen gesamten Bedarf für längere Zeit auf solche Art ab. Diese Beschaffung ist zu mühsam. Vielmehr bedient er sich des Musters, wenn andere Beschaffungswege vorübergehend blockiert sind. Es ist also ein Ersatzbeschaffungsmuster. Dem entspricht es, daß viele Fixer allzeit »Skripts« (gefälschte Rezepte) bei sich haben, sie aber nur im Notfall einlösen. Der im Vergleich zum Erschleichen ärztlicher Verschreibungen hier höhere Grad der Entdeckung und die entsprechende kriminalstatistische Erfassung können leicht zu der unrichtigen Annahme führen, die Beschaffung durch Rezeptfälschen sei bedeutsamer als die Beschaffung durch Erschleichen. Tatsächlich dürfte es eher umgekehrt sein, da das Erschleichen von Verschreibungen weniger riskant ist und auf nicht allzu große Hindernisse stößt.

Es handelt sich auch hierbei um ein für weibliche Rauschmittelabhängige besonders geeignetes Beschaffungsmuster, denn ähnlich wie beim Erschleichen sind auch beim Fälschen Mädchen relativ stärker beteiligt. Weibliche Fixer kommen auf Spitzenwerte, die 1000 Einzelfälschungen durchaus erreichen können. Sie prädestinieren vor allem folgende Umstände und Fähigkeiten für dieses Verhaltensmuster: Das Fälschen ist ein Delikt mit vergleichsweise geringerem kriminellem Gehalt; Mädchen sind für Ärzte und Apotheker weniger verdächtig und passen nicht in das übliche Täterbild. Auch äußerlich wirken sie weniger verdächtig als männliche Fixer. Mädchen können darüber hinaus im allgemeinen besser Handschriften imitieren; frauentypische Berufsausbildungen — wie Sekretärin und Rechtsanwaltsgehilfin — kommen manchen von ihnen zugute. Schließlich vermögen sie vielleicht sogar, besser zu schauspielern. Gerade die letzte Fähigkeit, die für das Rezepterschleichen ebenso bedeutsam ist, könnte stimulierend wirken und diese Form der Mittelbeschaffung deshalb über die eigentliche Motivation hinaus spielerisch motiviert sein. So ließ eine Fixerin, die unter ihresgleichen als »Skriptkönigin« galt, erkennen, sie habe sich so sehr mit der gespielten Rolle identifiziert, daß sie sonst entbehrte Erfolgserlebnisse fand und daß es ihr schwer geworden sei, die Rolle zeitweilig aufgeben zu müssen. Sie habe schließlich sogar nahezu an die Echtheit ihrer Fälschungen geglaubt und durch die Rollenidentifikation jede Hemmung und Angst bei der Vorlage gefälschter Rezepte verloren.

Das Beschaffungsmuster setzt sich regelmäßig aus drei Akten zusammen: Beschaffen der Formulare, Fälschen und Einlösen.

Der wichtigste Weg, Rezeptformulare zu beschaffen, ist der Diebstahl in der Arztpraxis anläßlich eines Besuchs. Gern nutzt man Besuche aus, bei denen man zugleich Verschreibungen erschleicht. Auf diesem Weg erhält man nützliche Rezepte, die sich ergänzen lassen, und außerdem Vorlagen für Fälschungen. Hilfreich ist dabei, daß Ärzte oft Rezeptblöcke im voraus stempeln oder sogar unterschreiben. Sind die Formulare noch nicht gestempelt, läßt sich dies eventuell in der Praxis nachholen. Gelegentlich nimmt man auch einen Stempel mit. Neben dem einfachen Diebstahl spielt der Einbruchsdiebstahl zur Beschaffung von Formularen und Stempeln eine geringe Rolle. Eine weitere Beschaffungsquelle stellen Praxishelferinnen dar. Sie besorgen mitunter ihren rauschmittelabhängigen Bekannten Rezeptformulare. Seltener werden Rezeptblöcke nachgedruckt und Arztstempel eigens zur Fälschung angefertigt.

Das Ausfüllen der Formulare setzt Fertigkeiten technischer Art und

Kenntnisse der Verschreibungspraxis voraus. Man ergänzt entweder echte — meist erschwindelte — Verschreibungen oder stellt Totalfälschungen her. Am leichtesten ist es, die verordneten Mengen zu verändern.

Beim Einlösen gefälschter Rezepte in Apotheken stoßen junge Rauschmittelabhängige zwar nicht sehr oft, in letzter Zeit jedoch häufiger auf Schwierigkeiten. Der schnelle Geschäftsgang läßt Apothekern wenig Zeit zu genauer Kontrolle von Verschreibungen. Hinzu kommt, daß es Apotheker wie Ärzte nicht gewohnt sind, hintergangen zu werden und daher kaum Verdacht schöpfen. Gleichwohl gebieten es gesetzlich festgelegte Pflichten, Rezepte und die vorlegenden Personen genau in Augenschein zu nehmen. Bei Zweifeln oder Mängeln darf ein Rezept nicht eingelöst werden; der Grund ist auf dem Rezept zu vermerken und der Arzt darüber zu informieren. Offenbar wird gegen diese Sorgfaltspflichten öfter verstoßen. Irrig scheinen einige Apotheker ebenso wie Fachhändler medizinischer Artikel anzunehmen, sie seien verpflichtet, an jeden Kunden »ohne Ansehen der Person« alles zu verkaufen, und zwar auch, wenn der Kunde offensichtlich süchtig ist. Diese Sorglosigkeit ist besonders im Umgang mit Kindern als Käufern festzustellen. Mittel, die zwar rezeptfrei sind, jedoch bekanntermaßen mißbraucht werden, können wiederholt in größeren Mengen von Kindern gekauft werden.

In der Regel lösen Fixer anfangs selbst die gefälschten Rezepte ein. Im allgemeinen verlassen sie sofort die Apotheke, wenn der Apotheker mit der Belieferung zögert, weitere Fragen stellt oder den Arzt anruft. Einige bevorzugen die Vorlage in Nachtdienst-Apotheken in der Annahme, der Arzt werde nachts nicht angerufen. Manche sind mit Ausredetechniken und Tricks gewappnet für den Fall eines Verdachts. Sobald man wiederholt als Fälscher auffällt und das Risiko der Strafverfolgung mindern will, bedient man sich anderer als Mittelsleute. Diese sind entweder wissend oder unwissend. Sie tun es gegen Entgelt, als Freundesdienst oder gegen Abgabe eines Teils der erhaltenen Mittel. Meist schickt man Freundinnen, die selbst nicht Rauschmittel injizieren oder wenigstens noch nicht »kaputt aussehen«. Gern bedient man sich junger Mädchen, die mit dem Injizieren erst beginnen, den Anschluß an Fixerkreise suchen, sich vor Drogenlokalen aufhalten und betteln, zu jedem Dienst bereit sind und sich von der Gefälligkeit Hilfen bei ihren ersten Injizierversuchen versprechen. Beliebt ist es außerdem, Kinder oder alte Leute um diese Gefälligkeit zu bitten. Einige Fixer bilden Cliquen, in denen man über längere Zeit arbeitsteilig und geschäftsmäßig diesem Beschaffungsmuster nachgeht.

VI. Kapitel

Polizei und Rauschmittel-Straftäter

Problemstellung

Die Art staatlicher Kontrolle im Rauschmittelbereich und die Stellung der Polizei im Kontrollsystem hängen davon ab, wie der Gesetzgeber das Problem definiert. Zwei mögliche Sichtweisen stehen immer wieder in der öffentlichen Diskussion im Wettstreit — eine Diskussion, die in fast allen von der Problematik betroffenen westlichen Ländern geführt wird: **Rauschmittelumgang als Verbrechen oder als Krankheit.**

Sicherlich läßt sich das Problem so einfach nicht definieren. Wenn der Konsument verbotener Rauschmittel nach dem Gesetz als entweder kriminell oder krank gilt, wird das dem tatsächlichen Geschehen nicht gerecht. Der Gelegenheitskonsument ist oft weder das eine noch das andere. Der Rauschmittelabhängige ist meist sowohl das eine als auch das andere, bald mehr dies, bald mehr jenes. Ihn lediglich als Kranken zu behandeln hieße, ihn in seiner passiven Haltung zu bestärken. Ihn nur zu strafen würde bedeuten, seine Krankheit zu ignorieren und damit zu verschlimmern. Sein Verhalten stellt ein komplexes Drittes dar, welches mit Verbrechen oder Krankheit zu einseitig und vordergründig gekennzeichnet wäre. Es ist in seiner vielschichtigen Entstehung und sozialen Einbettung, zudem in seiner gegenwärtigen sozialepidemischen Bedeutung zu würdigen.

Definiert der Gesetzgeber Rauschmittelumgang als Verbrechen, ist die Weiche der Kontrolle gestellt in Richtung strafjustizieller, also im Vorfeld polizeilicher Kontrolle. Definiert er ihn als Krankheit, weist der Weg in die Richtung mehr präventiven, rehabilitierenden Vorgehens; aufgerufen sind dann zuerst Medizin und Sozialpädagogik, Gesundheits-, Sozial-, Schul- und Jugendbehörden.

In unserer Rauschmittelgesetzgebung und ihrer Durchführung finden sich Elemente beider Sichtweisen. Die Krankheitsauffassung kommt in der neuen Gesetzgebung z. B. dadurch zum Ausdruck, daß Gerichte in bestimmten Bagatellfällen illegalen Rauschmittelumgangs von Strafe absehen oder jugendliche Rauschmittelabhängige statt in eine Jugendstrafanstalt in eine therapeutische Einrichtung überweisen können. Jedoch stehen beide Sichtweisen ziemlich unverbunden nebeneinander.

Wird der Rauschmittelkonsument zuerst von der Polizei erfaßt, durchläuft er zwangsläufig ein Strafverfahren, in dessen Rahmen allenfalls pädagogische und sozialtherapeutische Maßnahmen eingeleitet werden können. Fällt derselbe Konsument dem Jugend- oder Gesundheitsamt zuerst auf, kann ein ausschließlich sozialtherapeutischer Weg versucht werden, denn eine Anzeigepflicht gegenüber der Polizei besteht für diese Ämter nicht.

Eindeutig liegt aber das Schwergewicht auf der Verbrechenssicht, das heißt also der Strafverfolgung. Zum einen hat das neue Betäubungsmittelgesetz jeglichen illegalen Rauschmittelumgang mit Ausnahme des Konsums selbst als Straftat definiert — Besitz, Erwerb, Weitergabe, Verabreichen, Produktion, Schmuggel usw. Vom Gesetz her hat zumindest die Polizei keine Möglichkeit, Rauschmittelumgang irgendwelcher Art außer Verfolgung zu lassen; gesetzliche Möglichkeiten alternativen Vorgehens sind nur Gerichten in begrenztem Umfang eingeräumt. Zum anderen ist die Polizei die einzige der nach beiden Sichtweisen in Betracht kommenden Kontrollinstitutionen, die über einen umfassenden Außendienst »vor Ort« verfügt. Zwar haben auch Gesundheits- und Jugendämter sozusagen das »Recht des ersten Zugriffs«; der Polizei ist dieser Zugriff aber tatsächlich möglich. Zudem fehlt weitgehend eine fruchtbare Zusammenarbeit zwischen allen Kontrollinstitutionen; mitunter blockieren sie sich sogar gegenseitig. So kann es dazu kommen, daß etwa eine Selbsthilfegruppe von freien Wohlfahrtsverbänden getragen, vom Jugendamt finanziell unterstützt und in die öffentliche Fürsorgeerziehung durch »Überweisungen« eingespannt wird, während Strafverfolgungsorgane gegen ebendiese Gruppe Ermittlungen führen, die mit Durchsuchungen, Verhaftungen und Beschlagnahmen enden. (Abschreckendes Beispiel war etwa das törichte und rechtlich äußerst fragwürdige Vorgehen gegen eine Caritas-Einrichtung in Aachen.) Oder ein Rauschmittelabhängiger wird auf Betreiben des Gesundheitsamtes in einem Krankenhaus zur Entzugsbehandlung aufgenommen, gleichzeitig jedoch von einem Praxisarzt mit Rauschmitteln für einen ambulanten Entzug versorgt und von der Polizei aufgrund eines Haftbefehls gesucht.

Die unausgewogene Rollenverteilung im Gesamtsystem der Kontrolle mit der einseitigen Betonung der Verbrechenssicht hat folgende Konsequenzen: Der »Schwarze Peter« der Bekämpfung des Rauschmittelumgangs ist der Polizei zugeschoben. Bei ihr verbreitet sich oft Unbehagen, wenn sie handeln muß, wo der Weg des Strafverfahrens keinen Erfolg verspricht oder Erfolgschancen sogar zu mindern droht, dagegen sozialpädagogische oder therapeutische Wege angemessener wären. Personelle und finanzielle Mittel, die im Rahmen der gesamten Rauschmittelkontrolle zur Verfügung stehen, werden vordringlich gebunden durch den notwendigen Aufwand für polizeiliches Vorgehen. Man vertraut zu sehr auf die Wirksamkeit dieser Kontrolle und vernachlässigt die nötige Suche nach Alternativen in anderen Bereichen der Sozialkontrolle. So bedürfte es über Beratungsstellen in der Drogen-Szene als unmittelbarer Anlauf- und Kontaktstellen sozialer Institutionen hinaus vieler Sozialarbeiter als »street worker«, die nicht durch Schreibtischtätigkeit am unmittelbaren Kontakt mit Betroffenen »an der Front« gehindert werden. Ferner müßten Jugendschutztrupps der Sozialämter statt nur der Schutzpolizei auch für Zentren illegalen Rauschmittelumgangs zur Verfügung stehen. Erst dann könnte die Polizeiarbeit im Rauschmittelbereich auf das Wesentliche konzentriert werden.

Strategien polizeilicher Kontrolle

Strategien setzen Handlungsermessen, Entscheidungsspielraum voraus. Zu fragen ist bereits, ob das Prozeßrecht den polizeilichen Verfolgungsorganen Ermessen zugesteht. Nach dem Legalitätsprinzip ist die Polizei einem uneingeschränkten Verfolgungszwang unterworfen. Allenfalls steht ihr nach der allgemeinen polizeilichen Generalklausel im Rahmen präventiver Aufgaben, also im Vorfeld konkreter Verdachtsfälle, ein Auswahlermessen zu. In der Rauschmittelkontrolle stößt das **Legalitätsprinzip** vor allem aus fünf Gründen auf Schwierigkeiten:

1. Die mit dem Umgang illegaler Rauschmittel denkbaren Verhaltensweisen sind mit Ausnahme lediglich des Konsums selber bis hin zum einfachen Rauschmittelbesitz umfassend straftatbestandsmäßig erfaßt, also verfolgbar.
2. Es handelt sich um eine Massenerscheinung, zu deren Verfolgung der Polizei schon wegen ihrer beschränkten Kapazität Grenzen gesetzt sind.
   Je größer der Ermittlungsaufgabenbereich, desto größer werden der Entscheidungsspielraum und die Notwendigkeit, Schwerpunkte der Verfolgung zu bilden. Das Legalitätsprinzip ist aber auf den Idealfall des Einzelgeschehens mit einem anzeigebereiten Opfer zugeschnitten.
3. Die Verfolgung liegt fast ausnahmslos in den Händen der Polizei. Während das Recht noch von dem unwirklich gewordenen Bild des die Ermittlungen vornehmenden oder wenigstens einleitenden und überwachenden Staatsanwalts ausgeht, der darum auch wichtige Ermessensentscheidungen selbst zu treffen hat, ist in der Wirklichkeit längst die Polizei zum selbständig handelnden, in der Regel ungeführten Ermittlungsträger geworden. Ihr sind Last und Verantwortung der notwendigen Ermessensentscheidungen aufgebürdet.
4. In der Rauschmittelkontrolle fallen präventive und konkret ermittelnde Tätigkeiten der Polizei meist zusammen, denn in den ihr bekannten Zentren der Szene spielt sich allzeit eine Vielzahl strafbarer Verhaltensweisen ab.

5. Auch zwingt eine sinnvolle Verfolgungstaktik zur Auswahl. Beispielsweise kann man regelmäßig nur dann an den schwererer Taten verdächtigen Hintermann kommen, wenn eine Reihe von Bagatelltätern im Vordergrund unbehelligt gelassen wird, z. B. bei häufigeren vorangehenden Observationen. Will sich die Polizei demnach nicht im Kleinkrieg der Verfolgung von Bagatellkriminalität verzetteln, muß sie laufend ganze Gruppen von Tatverdächtigen »übersehen«.

Es besteht also im Rauschmittelbereich besonders ausgeprägt ein weites **faktisches Ermessen**, und zwar nicht nur in der Entschließung, **wie** und weswegen, sondern auch in der Entschließung, **ob** ein Verdächtiger zu verfolgen sei. Dieser faktische Ermessensspielraum könnte durch Strategien »von oben« — Gesetzgeber, Behördenspitze — ausgefüllt werden. Solche Strategien fehlen. So bilden sie sich »von unten«. Die mit der Rauschmittelkontrolle betrauten Beamten und Dezernate entwickeln in ihrer Alltagspraxis nach und nach informelle Regeln, um der Fülle der Verfolgungsarbeit sinnvoller gerecht werden zu können. Wo Sonderdezernate bestehen, werden Strategien schneller und differenzierter erarbeitet. Dabei können regionale Unterschiede und Zielkonflikte nicht ausbleiben.
Solche Strategien werden im allgemeinen von drei Leitideen geprägt:
Die erste ist das Bestreben nach ökonomisch **sinnvoller Ausnutzung begrenzter Kapazität**. Hier bereits können Zielkonflikte entstehen. Denn neben den an der Wirksamkeit der Drogenkontrolle insgesamt orientierten Zielen könnten auch folgende Fragestellungen mitbestimmen: Wie erreicht man mit geringstem Aufwand hohe Ermittlungszahlen oder Aufklärungsquoten? Bei welchen Tatverdächtigen sind die geringsten Widerstände und Beweisschwierigkeiten zu erwarten? Wie kann welchen Erfolgserwartungen von Behördenleitungen, Justiz und Öffentlichkeit mit ihren Medien am ehesten entsprochen werden? Welche Ermittlungen erfordern großen Aufwand, enden aber erfahrungsgemäß ohne angemessene justizielle Sanktion und erweisen sich nach der Kosten-Nutzen-Kalkulation als sinnlos? Denkbar ist beispielsweise auch, daß bei einem Abflauen des Problems Sonderdezernate ihre Strategie danach ausrichten, ihre weitere Existenzberechtigung zu beweisen und ihren Personalstand durch wachsende oder gleichbleibende Ermittlungszahlen möglichst zu erhalten.
Die zweite Idee ist die der **»Gerechtigkeit«**. Je weiter das faktische Ermessen reicht, um so eher wird die Polizei geneigt sein, ein Stück Rechtspolitik zu gestalten. Sie wird versuchen, in der Masse der Anlässe zwischen schweren und leichten Fällen zu unterscheiden. Wertungsdiskrepanzen bleiben dabei mangels verbindlicher Maßstäbe nicht aus. Schon in der Grundeinstellung zur Verfolgung von Bagatelltätern können gegensätzliche Auffassungen bestehen: Wo die Polizei erstmals mit dem Problem zu tun hat, könnte die Einstellung vorherrschen, gerade

den Bagatelltäter zu verfolgen, um den Anfängen zu wehren und über ihn an eventuelle Hintermänner zu gelangen. In den Rauschmittelzentren und Sonderdezernaten dürfte man eher bemüht sein, den Weg zum Hintermann nicht durch die Verfolgung von Bagatelltätern zu erschweren; diese Haltung wird dann unterstützt, wenn man der Strafbarkeit mäßigen Drogenkonsums skeptisch gegenübersteht. Vernachlässigt man aber bewußt Bagatelltäter, nähme das Gerechtigkeitsstreben wieder Schaden, wenn nunmehr doch einige aufgrund von Anzeigen verfolgt werden müssen; ihre Verfolgung wird noch mehr vom Zufall abhängig sein. Ähnlich stehen Gerechtigkeit und Zweckmäßigkeit im Widerstreit in dem gewerbeaufsichtsrechtlichen Vorgehen gegenüber Lokalen, die als Treffpunkte der Szene und Umschlagplätze des Rauschmittelmarktes fungieren: Weniger bedeutsame Lokale werden durch Konzessionsentzug geschlossen, wichtigere gerade wegen ihrer Bedeutung als Sammelplatz der Szene jedoch geduldet, um die Übersicht zu behalten.

Die dritte Idee ist die einer sozialmedizinisch und -pädagogisch ausgerichteten Rauschmittelkontrolle. Die Polizei wird im Rahmen des weiten faktischen Ermessens versuchen, ein Stück **Sozialpolitik** zu verwirklichen. Vor allem wird sie bestrebt sein, zwischen dem eher Kranken, behandlungsbedürftigen Konsumenten und dem strafwürdigen Händler zu unterscheiden. Hier ist aber bereits wegen der zahlreichen Mischformen eine sichere Unterscheidung ausgeschlossen. Überdies besteht die Gefahr, daß sich eine so motivierte nachsichtige, abwartende Haltung gegenüber Rauschmittelabhängigen, die man vielleicht erst verfolgt, wenn ihnen eine Reihe schwerer Beschaffungsdelikte nachzuweisen ist, als Bumerang erweist. Denn da die Polizei nahezu einzige Zugriffsinstanz in der Sozialkontrolle ist und da angenommen werden kann, daß eine Therapie um so mehr Erfolg verspricht, je früher sie einsetzt und je weniger der Rauschmittelkonsument in die Subkultur integriert ist, kann eine abwartende Haltung nur nachteilig sein. Überspitzt formuliert: Der Zeitpunkt der »Anklagereife« ist zugleich Zeitpunkt der Behandlungs- oder auch Schuldunfähigkeit.

Taktiken: Untergrundfahnder und V-Mann

Vielleicht nur in der Bekämpfung des Terrorismus ist die Polizei in vergleichbarer Weise gehalten, ihre Methoden denen ihres Gegenübers anzupassen und polizeirechtliche Befugnisse voll auszuschöpfen oder zu überschreiten. In der polizeilichen Taktik kommt zum Ausdruck, wie sehr sich wechselseitig Subkultur und Kontrolle beeinflussen. Beide Seiten verfeinern ihre Methoden und richten sie an der Entwicklung der anderen Seite aus. Die Polizei sieht sich zu konspirativer Ermittlungs- und Fahndungstätigkeit gezwungen. Sie muß die ihr durch die besondere Täter-Opfer-Verquickung, die subkulturellen Verfestigun-

gen der Drogen-Szene und die in diesem Milieu übliche Taktik gesetzten Hinternisse zu unterlaufen suchen. Dabei besteht die Gefahr, sich der Rückendeckung des Rechts zu begeben, die Legitimation des Handelns mehr vom Erfolg denn vom Recht zu beziehen.
So sehr die Notwendigkeit einer dem Sachgebiet angemessenen Taktik anzuerkennen ist, so wichtig ist es, die damit verbundenen Risiken zu erkennen und zu wägen. Als allgemeine Risiken seien hervorgehoben: Die Methodik eines Spezialbereichs beeinflußt oftmals andere polizeiliche Tätigkeitsbereiche. Verfahrens- und organisationsrechtliche Schutznormen können unterlaufen, die Geltung des Rechts kann relativiert werden. Es besteht zudem die Gefahr der Korrumpierung, und zwar nicht nur, weil man es im Rauschmittelwesen mit Möglichkeiten lockender hoher Profite zu tun hat, sondern vor allem wegen des weiten unkontrollierten faktischen, den einzelnen Polizeibeamten eventuell überfordernden Ermessens, eine Gefahr, die seit langem in den USA, jüngst in Amsterdam und gelegentlich auch hier sichtbar wurde.
Beispielhaft werden die Risiken angepaßter Taktiken deutlich in den Institutionen des Untergrundfahnders der Polizei und des V-Mannes (Vertrauensmann der Polizei). Hier begegnen sich Drogen-Szene und polizeiliche Kontrolle am intensivsten und nachhaltigsten. Diese Kontaktstellen bedeuten für beide Seiten Vorteile und Gefahren. Sie sind ebenso nützlich wie problematisch.
Der **Untergrundfahnder** übernimmt äußerlich Rollen der Subkultur (beispielsweise Auftreten zu zweit als »Boß und Gorilla«). Je erfolgreicher er sein will, um so stärker muß er Verhaltensmuster der Subkultur übernehmen, einschließlich der Straftaten. Kaum denkbar wäre ein Untergrundfahnder, dem es gelingt, sich in eine Rauschmittel-Kommune einzuschleichen und dort längere Zeit zu observieren, ohne Rauschmittel zu konsumieren, Geschäfte zu vermitteln und selbst zu tätigen. Er muß nicht nur manches Strafbare im Vorfeld schwerer Fälle »übersehen«, sondern sogar dazu beitragen, selbst mitmachen, andere anstiften. Dies alles als rechtlich durch gesetzlichen Notstand gedeckt zu sehen, hieße, rechtliche Konstruktionen zu pervertieren und die Arbeitsweise des erfolgreichen, länger tätigen Untergrundfahnders erheblich zu unterschätzen. Das Problem liegt ähnlich dem im »Traube-Fall« aus der Terrorismusbekämpfung bekannten.
Das Dilemma polizeilicher Untergrundfahndung besteht gegenwärtig vor allem darin, daß Anspruch und Wirklichkeit auseinanderklaffen. Einerseits erkennt man mehr und mehr, daß diese Taktik allein geeignet ist, den technischen Rückstand in der Aufklärung des sich zunehmend organisierenden Berufsverbrechertums aufzuholen. Dies gilt nicht nur für den Rauschmittelschwarzmarkt, sondern auch für ähnliche und sogar untereinander austauschbare oder verbindbare Erscheinungen, wie Falschgeldwesen, Zuhälterei, Bandendiebstahl und Großhehlerei, illegaler Waffenhandel, Terrorismus. Der Anspruch zielt auf

eine organisatorisch durchdachte und abgesicherte, systematische, verselbständigte, überregionale, technisch perfekte, flexible Untergrundarbeit in mehreren Tätigkeitsfeldern der polizeilichen Verbrechensaufklärung. Man verlangt, dem Untergrundfahnder freien Raum zu verschaffen, ihn nicht durch Dienstanweisungen zu beengen, ihn etwa im Verfassungsschutz oder dem Militärischen Abschirmdienst auszubilden, ihn nach konspirativen Regeln arbeiten und seinen Kollegen gegenüber unbekannt bleiben zu lassen, mit reichlich Geld, falschen Pässen, atypischen Waffen usw. auszustatten. In der Wirklichkeit hingegen wird diese Untergrundarbeit improvisiert. Sie entbehrt der prozeß- und dienstrechtlichen Voraussetzungen und wird weitgehend vom einzelnen Beamten oder Kommissariat in Eigenregie ausgeübt. Der Einzelne trägt allein das persönliche und berufliche Risiko.

Die systematische, überregionale Untergrundfahndung großen Stils bedarf rechtlich und organisatorisch der Institutionalisierung sowie der politischen Kontrolle. Sie könnte innerhalb der Polizeiorganisation im Rahmen der Präventivaufgaben als Aufklärungseinrichtung verselbständigt, also wenigstens dem Strafverfolgungszwang enthoben werden. So ließen sich rechtsstaatliche Belange erfüllen und die Risiken für einzelne Beamte und die Gesellschaft insgesamt begrenzen. Dabei ist zu bedenken, daß diese Tätigkeit auch der moralischen Rückendeckung bei den politisch Verantwortlichen und in der Öffentlichkeit bedarf.

V-Mann kann grundsätzlich jeder werden, der infolge seines strafbaren Tuns, seiner Tätigkeit in der Drogen-Szene Verbindung zur Polizei hat. Je nach Intensität dieser Verbindungen, Wissen des V-Mannes, Vertrauen und wechselseitiger Bereitschaft zur Zusammenarbeit kann die Informationstätigkeit sporadisch oder dauerhaft, offen oder anonym sein. Die V-Mann-Tätigkeit entwickelt sich meist im Zusammenhang mit Vernehmungen. Versteht es der Ermittlungsbeamte, eine Vertrauensbasis herzustellen, Sympathien zu wecken und Ressentiments abzubauen, kann er im Tatverdächtigen einen Informanten gewinnen. Da Sympathien und Antipathien auf beiden Seiten von Person zu Person variieren, gewinnt jeder Ermittlungsbeamte mehr oder weniger »eigene« V-Leute. Da sich solche Kooperationsneigung oft erst im wiederholten dienstlichen Kontakt gewinnen läßt, die beiden Gesprächspartner einander allmählich vertraut werden und erkennen, ob sie ihrem Gegenüber vertrauen können, werden mitunter gerade die am stärksten und häufigsten kriminell Auffälligen zu V-Leuten. Zudem ist der im Handel aktiv Tätige für den Polizisten von größerem Interesse, weil er Hinweise auf künftige Geschäfte und den Verbleib der Beute geben kann, somit polizeiliche Zugriffe und eine Überwindung der Täter-Opfer-Barriere ermöglicht.

Die **Motive von Informanten** sind unterschiedlich und überschneiden sich. In Betracht kommt zuerst eine Art »Kumpanei« des Informanten mit dem Vernehmenden. Er will sich erkenntlich zeigen dafür, daß der

Polizist ihm gegenüber mit offenen Karten spielt, ihn nicht »verschaukelt«, ihm sympathisch oder auch kriminalistisch besonders befähigt erscheint, beispielsweise gekonnte Ausreden durchschaut. Man will sich gegenseitig die ohnehin auf Dauer angelegten unangenehmen Zwiesprachen erleichtern in einer Art Fairness und Gefälligkeit auf Gegenseitigkeit. Darüber hinaus schwingt natürlich bei dem Informanten die Hoffnung auf nachsichtige Behandlung im Strafverfahren und im Vorraum konkreter Verfolgungen mit. Er sucht eine Rückversicherung bei der Polizei. Als drittes Motiv ist die Aussicht auf eine Geldbelohnung zu nennen. Weiterhin wirken ebenso wie bei Untergrundfahndern eine gewisse Abenteuerlust, bei besonders jungen Informanten auch der Drang mit, eine Art Kriminalromanheld zu sein. Ihnen kommen die in ihrer Rauschmittelkarriere und Subkulturintegration erworbenen schauspielerischen Fähigkeiten zugute, wenn sie gegenüber der Polizei und in der Drogen-Szene eine neue Rolle spielen. Bei einigen in Abhängigkeit Geratenen führen auch Resignation und Verzweiflung in ihrer desolaten Verfassung sowie Verbitterung über negative Erfahrungen im Rauschmittelmilieu zu weitreichenden Aussagen — bis hin zu »Lebensgeständnissen«. Bei Gelegenheitsinformanten kommen hinzu: Angst vor Konkurrenz, Neid, Rache, Furcht vor Rache, Enttäuschung. Der Informant hegt Erwartungen gegenüber »seinem« Kontaktmann bei der Polizei. Sie sind oft überspannt und irreal; doch ohne ein bestimmtes Maß an tatsächlichem Entgegenkommen wird kein V-Mann zu gewinnen sein. Daher ist nach der Art eines solchen Entgegenkommens zu fragen. Dies ist schwer zu durchschauen und kann nur beispielhaft verdeutlicht werden:

Das **Entgegenkommen** kann **formell** unter Einschaltung zuständiger Justizorgane im Strafverfahren gehalten sein, jedoch nicht mit einer erwarteten Zusage der Straffreiheit für frühere Straftaten verbunden werden. Allerdings ist es möglich, nach Rücksprache mit dem zuständigen Staatsanwalt, das Einstellen, Zurückstellen oder Zusammenfassen mehrerer Tatvorwürfe zu erwirken. Auf diesem Wege lassen sich möglicherweise ferner die Freilassung aus der Untersuchungshaft, eine Haftverschonung oder die Vermeidung der Verhaftung erreichen. Die Mitarbeit als V-Mann kann sozusagen die Kaution ersetzen und überdies als Bemühen um nachträgliche Wiedergutmachung strafmildernd berücksichtigt werden und eine Bewährungschance eröffnen. Im Verfahren selbst wird der V-Mann mitunter durch Befreiung von der Zeugenpflicht oder unter Ausschluß der Öffentlichkeit gegenüber anderen Beteiligten abgeschirmt. Während eines Haft- und Heimaufenthaltes lassen sich Ausgangs-, Besuchs- und Urlaubsgelegenheiten erwirken.

Daneben gibt es materielle und **informelle Gegenleistungen**. Hierzu gehören nicht nur Geldbelohnungen. Ebenso bedeutsam ist die Vernehmungspsychologie. Mitunter wird dem Vernommenen nur der nicht überprüfbare Eindruck vermittelt, seine Bereitschaft zur Zusammenarbeit sei seinem Verfahren günstig. Manchmal genügt sogar die Ankündigung, ein gutes Wort beim Staatsanwalt einzulegen oder die Abgabe der Akten vorläufig zurückzustellen. Solches Entgegenkommen kann sich zudem in der Abfassung des Ermittlungsberichtes niederschlagen; die Zuordnung zu milderen Straftatbeständen, die Beschränkung der Fälle, das Vorkehren entlastender Momente, die günstigere Darstellung der Rolle des Betroffenen im Deliktsgeschehen sind nur Beispiele. Der Polizist gewinnt auch durch fürsorgerisches Verhalten Zutrauen. Besonders im Zustand akuter Intoxikation oder Abstinenz ist der Vernommene solchem Bemühen zugänglich. So kann z. B. ein Arzt geholt bzw. unverzüglich eine Arznei besorgt werden, oder es wird eine vom V-Mann im Polizeirevier vorgenommene Injektion geduldet bzw. eine Behandlungsstätte vermittelt. Bei Razzien und Lokalüberprüfungen vermag der Polizist »seinen« V-Mann oder doch einige seiner Delikte zu übergehen angesichts der ohnehin notwendigen Auswahl. Auch ist es ihm möglich, von einer Vorführung bei dem Richter mit dem Risiko der Inhaftierung abzusehen.

Umgekehrt hegt der Polizist Erwartungen gegenüber »seinem« V-Mann. Sie zielen zunächst auf Geständnisse. In aller Regel gibt selbst ein intimer V-Mann nur Teile seines Wissens — zumal in eigenen Angelegenheiten — preis; selbst bei »Lebensbeichten« verschweigt er besonders kompromittierende oder von ihm als selbstverständlich erachtete Vorfälle, wie z. B. Beteiligungen an aggressiven »Link-Aktionen«. Weiterhin kann er Namen und Informationen über Händler und über die Entwicklung in der Drogen-Szene geben. Ein guter V-Mann läßt sich in konkrete Observationen und Festnahmen einplanen und inszeniert mitunter Scheingeschäfte. Oft sind allerdings die Erwartungen des Kontaktmannes bei der Polizei überspannt, zumal, wenn sich dieser zu sehr in einen Erfolgseifer hineinsteigert und den V-Mann überschätzt. Besonders dann besteht die Gefahr, daß der V-Mann — bedrängt von dem Beamten und aus Angst, seine Rolle zu verlieren — falsche Personen verdächtigt, Beteiligungen anderer übertreibt und die Polizei auf falsche Fährten schickt.

Zwar trägt diese Institution zur besseren Kenntnis der Polizei über die Entwicklung der Drogen-Szene bei und verunsichert die der Szene zugehörigen Personen. Andererseits bewirkt die Institution einen geradezu perfekten Prozeß gegenseitiger Beeinflussung. Der Zuträger der Polizei ist oft zugleich Zuträger der Szene. Er blickt in die polizeiliche Taktik, kann vorwarnen und Namen von Polizisten oder Kennzeichen der Polizeifahrzeuge im Bekanntenkreis weitergeben. Oft macht er die polizeiliche Arbeit transparenter, ebenso wie er die Szene für die Polizei überschaubarer macht. So stellt diese Institution einen wachsenden Kampf um den Informationsvorsprung auf beiden Seiten dar.

Risiken und Gefahren für die persönliche Entwicklung des Zuträgers sind beträchtlich; sie färben aber auch ab auf seine Umgebung und die

Drogen-Szene. Mit der Rolle des V-Mannes hat man sich in der Drogen-Szene abgefunden. Man rechnet mit ihr und stellt sich auf sie ein. Das ohnehin große Mißtrauen untereinander wird verstärkt, der pädagogisch ungünstige Einfluß in der Selbsteinschätzung solcher V-Leute offenbar. Man sprach davon, »Linken für die Kripo« gemacht, »Connections zum RD« zu haben. Darin kommt zum Ausdruck, daß diese Tätigkeit auf gleicher Ebene wie verpönte Formen des Rauschmittelhandels gesehen wird. Mancher Zuträger verbindet geschickt diese Rolle mit seiner primären Rolle in der Szene, etwa als Dealer. Er kann ermutigt werden, sie auszubauen, da er sich besser abgedeckt fühlt gegenüber der Polizei sowie gegenüber den Bekannten und Konkurrenten in der Szene. Seine neue Rolle verleiht ihm zusätzlich Macht, Respekt, einen Sonderstatus. Mit feinem Gespür bemerken die anderen, wer V-Mann sein könnte, und arrangieren sich mit ihm. Zeichen der Verunsicherung ist allerdings auch, daß mancher fälschlich als V-Mann angesehen wird. Zwar muß der V-Mann um seine Sicherheit fürchten; gelungene Racheaktionen scheinen aber selten zu sein.

Auswirkungen polizeilicher Rauschmittelkontrolle

Wer sich heute in der Drogen-Szene aufhält, fällt mit größerer Wahrscheinlichkeit der Polizei auf, während man früher geradezu provozierend Rauschmittel in der Öffentlichkeit konsumieren und handeln konnte, ohne belangt zu werden. Gelegentliche Lokalkontrollen durch Polizisten schlugen fehl, weil Dealer vorgewarnt wurden und Konsumenten Rauschmittel oder Geräte versteckten oder wegwarfen. Selbst Zivilfahnder wurden schon am Lokaleingang erkannt. Mit der Verstärkung und Verfeinerung des polizeilichen Einsatzes ist es schwerer geworden, als Dealer oder intensiver Konsument lange unerkannt zu bleiben. Zwar versucht man, sich auf den geänderten polizeilichen Einsatz einzustellen: Die Händler werden mobiler; kriminelle Verhaltensmuster wandeln sich; größeren Geschäften gehen Tarngeschäfte voraus; man zieht aus den Lokalen in private Räume um; man vereinbart Codes; der Habitus des Dealers wandelt sich. Aber diese Versuche sind unvollkommen.

Die **Polizeiauffälligkeit** ist unterschiedlich, je nach Art, Länge und Intensität des Rauschmittelumgangs. Je länger sich jemand in der Szene aufhält, je stärker er in die Subkultur integriert wird und je intensiver er mit Rauschmitteln als Händler bzw. Konsument umgeht, um so größer ist die Wahrscheinlichkeit aufzufallen. Entsprechend gering ist die Polizeiauffälligkeit von Gelegenheitskonsumenten. Nahezu ausgeschlossen ist sie, wenn sich diese nicht an Treffpunkten der Szene aufhalten. Das gilt erst recht für wirkliche Ersttäter. Erstauffälligkeit bei der Polizei ist in der Regel Indiz für häufigeren Rauschmittelumgang. Von den echten Ersttätern — d. h. einmaligen Rauschmittelprobierern

— fallen weit weniger als 1% der Polizei auf. Anders verhält es sich bei Dauerkonsumenten vom Zuschnitt des Fixers. Infolge des Abbruchs sozialer Bindungen (»drop out«), der Verwahrlosung und Szene-Integration, der Häufung strafbaren Verhaltens, intensivierten Polizeieinsatzes und des V-Mann-Systems scheint fast jeder Dauer-Fixer irgendwann von der Polizei aufgegriffen zu werden. Die Verstärkung des Polizeieinsatzes hat sich dahin ausgewirkt, daß die Zeitspannen zwischen erstem Rauschmittelkonsum und erster Auffälligkeit kürzer geworden sind.

Jede Rauschmittelkontrolle löst als Folge komplexe Mechanismen aus, die sich teils im Sinne der Kontrolle positiv, teils negativ auswirken: Die Verfügbarkeit illegaler Rauschmittel wird eingeschränkt. Mittel werden stärker gestreckt, gefälscht und teurer. Die Stoffqualität wird schlechter. Neue, unter Umständen gefährlichere Stoffe gelangen in den Schwarzmarkt, so vor allem seit geraumer Zeit das Heroin. Der Mißbrauch legal erhältlicher Rauschmittel — einschließlich des Alkohols — wächst. Der Handel wird professionalisiert. Die Drogen-Szene versucht, aus der Öffentlichkeit in den anonymen Untergrund auszuweichen. Sie wird unsicherer und fluktuierend. Handelsorganisationen können sich schwerer etablieren. Weniger neue Konsumenten werden gewonnen, denn Dauerkonsumenten sind nicht mehr bereit, Rauschmittel freizügig an andere abzugeben. Alte Konsumenten verringern ihren Konsum. Sie suchen öfter Ärzte und Behandlungsstätten auf und fallen leichter in die Hände der Zugrifforgane. Einige aber gehen auf härtere Formen der Beschaffungskriminalität über. Werden überwiegend schwächere Rauschmittel — wie Haschisch — verknappt, kann dies bewirken, daß bisherige Konsumenten den Konsum einstellen oder verringern, andere schneller auf härtere Mittel und Einnahmeformen übergehen, weniger Neugierige den Konsum beginnen, andere hingegen sogleich härtere Mittel nehmen.

In der Gesamteinschätzung der Wirksamkeit polizeilicher Kontrolle sind Pessimisten oft einseitig: Aus dem Umstand, daß die Rauschmittelproblematik nicht beseitigt sei oder sich Rauschmittelabhängige von Strafsanktionen oft unbeeinflußt zeigen, wird auf ein generelles Versagen dieser Kontrolle geschlossen. Eine differenzierte Beurteilung müßte indes nicht nur erkunden, wie sich das Problem trotz dieser Kontrolle darstellt, vielmehr auch, wie es sich zeigen würde unter Verzicht auf sie. Mit großer Wahrscheinlichkeit gäbe es u. a. mehr Rauschmittelkonsumenten, und mehr Rauschmittel würden mißbraucht; die Problematik erwiese sich möglicherweise als noch größer. Freilich kann eine polizeiliche Kontrolle auf längere Sicht nur wirksam sein, wenn sie sinnvoll eingefügt wird in ein Gesamtkonzept der Rauschmittelkontrolle. Dieses muß neben der Seite des Rauschmittelangebots auch die Seite der Nachfrage zu beeinflussen suchen, also sozialpolitisch ausgerichtet sein.

VII. Kapitel

Der illegale Rauschmittelhandel

Strukturen, Rolle und Praktiken des Rauschmittelhandels zu erkennen, stößt wegen seiner Illegalität und Undurchsichtigkeit auf größte Schwierigkeiten. Um so eher können sich Klischeevorstellungen durchsetzen. Wenn hier gleichwohl eine Darstellung auf empirischer Basis versucht wird, so ist sie notgedrungen bruchstückhaft.

Entwicklung und Organisation des Schwarzmarktes: Die Händlerhierarchie

Im illegalen Markt sind viele der für einen kapitalistischen Wirtschaftsmarkt bestimmenden Züge und Gesetzmäßigkeiten erkennbar.
So gibt es Import- und Binnenmärkte. Der Importmarkt erstreckt sich vor allem auf Heroin, Rohopium und Haschisch; seine Spanne reicht vom Erzeuger in asiatischen und afrikanischen Ländern über verarbeitende Betriebe und Importeure bis hin zum inländischen Verbraucher. Der Binnenmarkt umfaßt eine Vielzahl im wesentlichen aus der pharmazeutischen Inlandindustrie stammender Stoffe. Seine Spanne ist wesentlich kürzer und reicht vom illegalen Abzweiger bis zum Konsumenten. Diese Märkte sind vielfältig ineinander verwoben. Der Binnenmarkt ist insofern nicht autark, als häufig Ausfälle zu verzeichnen sind, die einen Rückgriff auf Importe erfordern. Umgekehrt führen Störungen im Importmarkt wieder zum Erschließen inländischer Quellen.
Der Markt reguliert sich im wesentlichen nach Angebot und Nachfrage. Wo keine Konsumenten sind, haben Händler keine Chancen. Fehlen Handelsquellen, kann nicht konsumiert werden. Konsum und Handel stimulieren sich gegenseitig. Die Konsumenten müssen sich in der Wahl ihrer Rauschmittel im wesentlichen nach dem jeweiligen Angebot am Markt richten. Der Handel bedient sich aller möglichen Formen der Werbung. So gibt es Gratis-Proben, Werbe-Slogans, Schleichwerbung, Einstandspreise usw. Die Ware erhält Marken, welche auf den Konsumenten zielen und das Kaufinteresse fördern; Marken für Haschisch sind u. a. »Tempelshit«, »Roter Libanon«, »Grüner Türke«, »Schwarzer Afghane«, für LSD beispielsweise »Yellow-Sunshine«, für

Opiate etwa »Berliner Tinke«. Man kennt informelle Marktforschung; so werden neue Rauschmittel und Absatzmärkte getestet. Es gibt Oligo- und Monopole im Handel. Man findet freie Preisbildung und Preisabsprachen. Wo Wettbewerb möglich ist, kennt er keine Grenzen und formelle Kontrollen; er ist rücksichtslos und der Verbraucher weitgehend schutzlos. Systemimmanente Kontrollen und Sanktionen sind wie der Markt selbst meist illegal und informell; es herrschen Selbstjustiz und Faustrecht. Sanktionsmittel sind etwa Lieferstop, Gewalt, Verrat an die Polizei. So vertreibt beispielsweise ein Dealer einen Konkurrenten aus seinem »Revier«, indem er ihn bedroht, ihn durch »Leibwächter« zusammenschlagen läßt oder der Polizei einen »Tip« gibt.

Der Schwarzmarkt ist weitgehend organisiert. Jedoch bestehen unterschiedliche Vorstellungen über die Art und Weise der **Entstehung dieser Organisiertheit**. Einer in der Öffentlichkeit wohl vorherrschenden Ansicht entspricht es, den gesamten Schwarzmarkt als »von oben« bis hin zum Konsumenten gesteuert zu betrachten; man meint, das Entstehen einer »Konsumwelle« sei auf den Einfluß organisierten Handels zurückzuführen, die Organisation also sei das Primäre im Ablauf eines Schwarzmarkts. Nach der eigenen Untersuchung ist eine andere Entwicklung wahrscheinlich. Zwei Phasen sind zu unterscheiden:

Die erste Phase ist gekennzeichnet vom Selbstversorgerprinzip und einer Tendenz zu einer Organisation von unten nach oben. Die ersten Konsumenten waren unabhängig von jedwedem organisierten Handel. Sie bezogen ihre Rauschmittel teils aus der pharmazeutischen Inlandproduktion, teils von Reisenden aus Herstellerländern. Es handelte sich um Stoffe, die keinen weiteren Verarbeitungsvorgang erforderten, also Tabletten der pharmazeutischen Industrie, Haschisch und Rohopium. Der Anstieg der Konsumentenzahlen war vornehmlich auf die von ersten Konsumenten ausgehenden Ansteckungseffekte zurückzuführen, nicht auf das Wirken von Organisationen. Die anfänglichen Selbstversorger schlossen sich mehr und mehr zusammen, erkannten die Verdienstmöglichkeiten und bildeten Kleinorganisationen für den Handel. Erst als sich eine Vielzahl solcher Kleinmärkte etabliert hatte, eine genügende Zahl von ständigen Abnehmern bestand und das Selbstversorgersystem dem wachsenden Bedarf nicht mehr gerecht wurde, scheinen sich in einer **zweiten Phase** international etablierte Handels-, Schmuggel- und Verteilerorganisationen nach und nach in den Markt eingeschaltet zu haben. Erst jetzt setzte also — etwa um 1969/70 — eine Organisation von oben ein. Sie bediente sich vorhandener Inland-Verteilernetze und perfektionierte damit den Markt, die Handelshierarchie. Erst in dieser zweiten Phase ist beispielsweise Heroin in größeren Mengen an Konsumenten gelangt, dessen Verbreitung notgedrungen mit illegalen Handels- und Verarbeitungsorganisationen verbunden ist und das früher weitgehend über Marseille, heute vorwiegend über Amsterdam und Rotterdam in die Bundesrepublik gelangt.

Man kann drei Stufen dieser Hierarchie unterscheiden: Die unterste, erste Stufe bilden Kleinhändler, Vermittler, Schmuggler, die selbst Rauschmittel nehmen. Auf der zweiten Stufe findet die Berührung von Dealern und Profi-Händlern statt. Diese Stufe ist eine für Konsumenten-Dealer der unteren Stufe schwer durchschaubare Grauzone. Auf der dritten, der oberen Stufe hat man es mit professionellen, organisierten Händlern, mit Syndikaten und überwiegend mit Ausländern zu tun. Einige Grundzüge des hierarchischen Systems seien hervorgehoben:

1. Die Händlerrollen sind nicht statisch. Händler sind bestrebt, jeweils höhere Ränge zu erreichen. Die Hierarchie läßt den Positionstausch in gewissem Umfang zu, jedoch regelmäßig nur innerhalb der ersten und dritten Stufe.
2. Je stärker sich der Schwarzmarkt ausweitet, um so mehr geht er über in die Hände international organisierten Handels und um so zahlreicher werden die Glieder der Handelskette vom Importeur bis zum Endabnehmer.
3. Je höher die Stufe in der Hierarchie, um so stärker ist der Händler organisiert. Auf der dritten Stufe ist der Handel total organisiert, der Händler an feste Regeln gebunden, Kontrollen und Sanktionen unterworfen.
4. Je höher die Stufe, um so weniger darf der Händler beliebig Rauschmittel selbst benutzen. Süchtige Händler sind kaum auf der dritten Stufe zu finden.
5. Je höher die Stufe, um so weniger treten sehr junge Händler auf. Die dritte Stufe ist von den etwa 20 – 40jährigen bestimmt.

Auf der ersten und bedingt noch auf der zweiten Stufe findet man überwiegend Händler, die über eigenen Konsum zum Handeln gelangt sind. Es sind Händler, die an Ort und Stelle einer Szene bleiben, hier das Verteilersystem bestreiten und im Szene-Jargon Dealer genannt werden. Bedingungen für einen Aufstieg eines Dealers in die zweite Stufe sind vor allem: Er muß mit Praktiken und Spielregeln in höheren Regionen vertraut sein, eine relativ disziplinierte Lebensführung zeigen, darf beispielsweise nicht so stark rauschmittelabhängig sein, daß er dem Streß dieser Rolle nicht gewachsen ist oder wegen körperlicher Ausfälle ausscheidet, darf keine Schulden machen und der Polizei nicht öfter aufgefallen sein, ist vermutlich gehalten, andersartige, überflüssige, mit höherem Entdeckungsrisiko verbundene Kriminalität zu unterlassen, muß sein Äußeres pflegen, eine eigene Wohnung besitzen, über genügend Bargeld verfügen und imstande sein, jederzeit seinen Aufenthaltsort und seine Tätigkeit zu tarnen bzw. zu wechseln. Er muß insbesondere das Vertrauen der in der Hierarchie nächst höheren Kontaktleute genießen. An entsprechender Stetigkeit und Zuverlässigkeit in der Lebensführung mangelt es den meisten Fixern. So wird ein Fixer geschildert, der um eines weiteren Aufstiegs willen das Fixen aufgegeben und damit eine wesentliche Bedingung erfüllt habe. Hierin kommt zum Ausdruck, daß ein höherer Rang in der Rollenhierarchie nicht nur Indiz für stärkere Kriminalitätsbereitschaft, sondern auch für eine gewisse Fähigkeit zur Selbstdisziplin ist. Darin liegt eines der Risiken therapeutischer Maßnahmen: Der Behandlungsbereite und -fähige kann mitunter der sein, welcher eine therapeutische Hilfe zugleich als Mittel für stärkere weitere Dealer-Kriminalität ausnutzt. Diejenigen, die in höhere Regionen vorgestoßen sind, müssen ihre Positionen meist nach kürzerer oder längerer Zeit wieder räumen. Für sie beginnt dann ein Abstieg in der Dealer-Karriere. Die Zäsur bilden z. B. körperliches Kollabieren oder polizeiliche Festnahme. Sobald ein Dealer der Rolle nicht mehr gewachsen scheint, verliert er das Vertrauen seiner Kontaktleute und wird von ihnen im Stich gelassen oder dadurch ausgeschaltet, daß man polizeiliches Einschreiten gegen ihn veranlaßt. Er muß nun — wenn es ihm noch möglich ist — auf andere delinquente Muster zurückgreifen.

Erkenntnisse über die vom international organisierten Handel, vor allem von Syndikaten beherrschten oberen Stufen der Händlerhierarchie sind gering, weil sich solche Verbrecherorganisationen jeglicher Feldforschung verständlicherweise entziehen. Darstellungen über ethnische oder soziale Besonderheiten, über Arbeits- und Organisationsweise der Spitzen von Syndikaten beruhen meist auf gelegentlichen kriminalistischen Einblicken internationaler polizeilicher Organisationen und sind oft spekulativ.

Die straff **organisierten Händlerringe** sorgen für das Einschleusen des größten Teils der im Inland verbrauchten illegalen Rauschmittel. Sie überlassen deutschen Dealern die Verteilung, wo noch vor wenigen Jahren Ausländer gleichfalls als Dealer tätig waren, beispielsweise in bestimmten ausländischen Szene-Lokalen. Trifft man Ausländer an, handelt es sich gegenwärtig meist um Amateure, die organisatorisch den Händlerringen nicht eingegliedert sind. Gelegentlich gibt es neben den größeren Organisationen professioneller Händler noch kleinere Ausländergruppen — beispielsweise Familienunternehmen —, die den Handel von der Produktion etwa in Persien oder in der Türkei bis hin zum Absatz an Klein-Dealer im Inland betreiben.

Die leitend im internationalen Handel Tätigen bleiben im Ausland oder besuchen hin und wieder die Absatzländer. Einige dürften sich auf noch weniger kontrollierbare Funktionen im Hintergrund agierender Finanziers beschränken. Doch befinden sich im Inland manche ausländische örtliche Residenten, die für die Koordination des Handels zwischen den Erzeugerländern und den örtlichen Großumschlagplätzen sorgen.

Die Handelsregeln sind um so rigider, je höher die Stufe der Händlerhierarchie ist. Oberhalb der Grauzone dürfte jeder Mitwirkende einem strengen Regel-, Kontroll- und Sanktionensystem unterliegen. Je gewichtiger die Funktion, um so drastischer sind Repressalien für Regelverstöße, etwa bei unvorsichtigem Verhalten gegenüber der Polizei, Aussagen oder »Aussteigen«. Diese Rigorosität dürfte dort am ausgeprägtesten sein, wo eine sich ohnehin durch straffe Organisation und Reglement auszeichnende, im Untergrund international arbeitende, unter Umständen in kriminellen Aktivitäten — Falschgeldhandel, Waffenschmuggel, Autoschmuggel, Terrorismus — erfahrene Institution sich zusätzlich des Rauschmittelhandels annimmt, wie beispielsweise die italo-amerikanischen Organisationen Mafia und Cosa Nostra, die irisch-republikanische Armee sowie Palästinenser-Organisationen.

Dealer-Rollen

Es gibt keinen Anhalt für eine eigentliche Typik des Dealers. Weder finden sich personale oder funktionale Kriterien, die **den** Dealer von anderen Konsumenten wesenhaft abheben könnten, noch solche, die auf fixierte Rollen innerhalb dieses Personenkreises schließen lassen. Nicht einmal szene-immanente übereinstimmende Rollendefinitionen sind auszumachen. Die Mehrzahl dauerhafter Rauschmittelmißbraucher fungiert irgendwann auch in irgendwelcher Weise als Dealer. Rauschmittelmißbraucher nehmen solche Funktionen phasenweise oder dauerhaft neben einer Reihe anderer krimineller Verhaltensweisen und Rollen wahr. Die Rollen können schnell wechseln, sowohl innerhalb der Entwicklung des einzelnen als auch im Ablauf der Drogen-Szene und dieselben Personen mehrere Rollen und Funktionen nacheinander oder gleichzeitig innehaben. Daß es zu keiner Rollen- und Funktionenfixierung gekommen zu sein scheint, hängt vor allem mit der Instabilität und Fluktuation der hiesigen Szene, mit der intensiven polizeilichen Kontrolle, mit dem Alter der Szene-Zugehörigen und mit der Vielfalt von illegal gehandelten Rauschmitteln und den unterschiedlichen Einnahmeformen zusammen. Wenn auch eine Typik im strengen Sinne ausgeschlossen ist, so sind doch einzelne Rollen und Funktionen des Dealers und Dealens unter verschiedenen Gesichtswinkeln zu betrachten, so daß Regelmäßigkeiten und Maßstäbe ausgemacht werden, um das Verhalten des Einzelnen genauer zu orten.
Es gilt zunächst zu klären, ob und wie weit die Dealer selbst Konsumenten sind. Dabei zeigt sich, daß das **Verhältnis von Handel und Konsum** eine komplexe Verflechtung darstellt. Zwei Vorurteile müssen korrigiert werden:
In der Öffentlichkeit, selbst im Fachschrifttum begegnet man mitunter der Vorstellung, man könne zwischen Händler und Konsument klar unterscheiden. Diese Vorstellung stand auch Pate bei der Neufassung des Betäubungsmittelgesetzes. Die Fixerbefragung hat demgegenüber gezeigt, daß Handel und Konsum zumeist bei derselben Person zu finden sind, daß sich die Rollen des Händlers und des Konsumenten vielfältig verquicken und überlagern.

Dem zweiten Vorurteil begegnet man oft in Konsumenten- bzw. Dealer-Kreisen selbst, aber auch unter Wissenschaftlern und Gerichtssachverständigen: nämlich die als »Selbstversorger-Argument« zu kennzeichnende Ansicht, der konsumierende bzw. abhängige Dealer sei zum Dealen wegen des Eigenkonsums aus seiner Abhängigkeit gezwungen, er treibe zur Deckung des Eigenbedarfs Handel. Kein einziger der befragten Fixer handelte mit Rauschmitteln lediglich zum Bestreiten des Eigenbedarfs. Nur sehr wenige handelten ausschließlich zur Deckung des notwendigen sonstigen Lebensunterhalts. Diese Selbstversorgerhaltung dürfte lediglich in einem frühen Stadium des Mißbrauchs bei noch im übrigen sozial integrierten Konsumenten verbreitet gewesen sein. Primär handelt es sich um eine verbreitete Rechtfertigungstechnik der Dealer, in der sich allerdings eine gewisse Selbsteinschätzung mittelbar ausdrückt: Ein Dealer könnte sich achten und sein Verhalten rechtfertigen, ginge es nur um die Aufrechterhaltung seines Konsums; tatsächlich aber geht es um mehr: Er schätzt dieses »überschießende« Dealen mit seinen schädigenden Auswirkungen und dem Profitgebaren durchaus negativ ein, wenngleich er sich und anderen dies nicht eingestehen will.
Zwei Regeln lassen sich zum Verhältnis von Drogenhandel und Eigenkonsum formulieren:

1. Zumeist sind Dealer auch Rauschmittelkonsumenten;
2. Dauer-Rauschmittelkonsumenten werden meist früher oder später mehr oder weniger zum Dealer.

Im allgemeinen wird der Drogenkonsument zum Händler, d. h., der Konsum geht dem Handel überwiegend voraus. Diese Reihenfolge besagt indes nicht, daß der Konsument erst im Zuge einsetzender Rauschmittelabhängigkeit zum Dealen gelange. Vielmehr kann das Dealen bereits in sehr frühen Stadien einer Rauschmittelkarriere einsetzen. Das hat seinen Grund vor allem in der beginnenden Integration des Konsumenten in die Szene-Subkultur, in dem ständigen Kontakt mit anderen Konsumenten, die bereits erfolgreiche Dealer sind, und in dem Gewinnanreiz, den diese Rolle gibt. So äußert man: »Das Dealen gehört zum Konsum wie die Henne zum Ei«. Ohne Eigenkonsum findet der Straßen-Dealer kaum Zugang zum Kunden. Die umgekehrte Entwicklung — ein Dealer wird zum Rauschmittelkonsumenten — ist selten.
Demnach können zweierlei grundsätzliche **Kriterien für die Charakteristik des Dealers** im Hinblick auch auf therapeutische und justizielle Maßnahmen bedeutsam sein: Einmal ist zu beurteilen, ob der konsumierende Dealer nur beiläufig — etwa als Attitüde des Dealens — Rauschmittel konsumiert oder ob er rauschmittelabhängig ist. Ein großer Teil konsumierender Dealer kann nicht als abhängig bezeichnet werden. Außer der Konsumintensität ist zum zweiten zu beurteilen, auf welchem Wege konsumierende Dealer selbst zum Konsum bzw. zur

Rauschmittelabhängigkeit gelangt sind. Es könnte ein Indiz stärkerer Kriminalitätsbereitschaft sein, wenn jemand von vornherein auf intensives Dealen zusteuert und im Laufe dieser Delinquenz erst mehr oder weniger stark Konsument wird. Umgekehrt könnte eine vorangegangene Konsumphase, in deren Verlauf erst später eine Dealertätigkeit eintritt, Indiz geringerer Kriminalitätsbereitschaft sein.

Weiter kann man fragen, in welchem Verhältnis die Arten der selbst konsumierten Rauschmittel zu den gehandelten Mitteln eines Dealers stehen. Hierfür gilt folgende Regel: Dealer handeln regelmäßig mit Rauschmitteln, die sie selbst gebrauchen. Der Konsument benötigt entsprechend dem Eigenbedarf spezielle Bezugsquellen; es liegt nahe, die Quellen auch für den Weiterverkauf zu nutzen, zumal jede Beziehung im illegalen Handel aufgebaut werden muß. Sein Abnehmerkreis erwartet von ihm Eigenerfahrung mit entsprechenden Stoffen. In Anfangszeiten der Szene waren überdies die Treffpunkte, Cliquen und Beziehungen noch stärker spezialisiert nach der Art des bevorzugten Rauschmittels — z. B. Haschisch-Lokale, Haschisch-Cliquen usw.

Ebenso wie der einzelne Dauerkonsument eine Rauschmittelkarriere mit einem Wechsel und einer Steigerung der Rauschmittel durchläuft, entwickelte sich parallel dazu eine Rauschmittel-Abfolge im Dealen. Der Haschisch-Konsument dealte zunächst mit Haschisch; sobald er »Trips« nahm, handelte er auch mit ihnen; als späterer Fixer verkaufte er vornehmlich »Gifte«. Da in der Sequenz der Szene am Anfang Haschisch dominierte, wurde der »Shit-Dealer« zum Prototyp des Dealers. Ebensowenig wie es aber in späteren Phasen noch den Nur-Haschisch-Konsumenten in der Szene gab, hielt sich dauerhaft der reine Haschisch-Dealer. Zumindest Halluzinogene wie LSD sowie Tabletten konnte man im allgemeinen gleichfalls bei ihm beziehen. So war der »Shit-Dealer« mitunter zugleich beispielsweise »Schnitt-Dealer« (Dealer, der LSD-getränkte Löschblätter in kleinen Stücken handelte). Im Trend zur Polytoxikomanie bildete sich der **polytrope Dealer**, der — den jeweiligen Marktlagen und Kundenwünschen angepaßt — die Mittel, Bezugsquellen und Verkaufsmethoden wechselte oder kombinierte und Ersatz zu schaffen wußte, wenn ein bestimmtes Mittel rar wurde.

Ein differenzierter **rollentypischer Habitus** des Dealers ist nicht auszumachen. Jedoch sind einige Regelmäßigkeiten zu beobachten, die bei manchen Dealern Anhaltspunkte für ihre Funktion und ihre Bedeutung geben. Im Bereich der eigentlichen Dealer, also auf den unteren Stufen der Handelshierarchie, dominiert der durch Drogenkonsum und Drogenmilieu geprägte Habitus. Doch umgibt sich der erfolgreichere Dealer mit entsprechenden Statussymbolen: Er trägt echtes Fell, echten Pelz und Schmuck, hat eventuell eine eigene Wohnung, einen Wagen, ein Konto, eine Stereoanlage usw. Sobald er in starke Rauschmittelabhängigkeit geraten ist — etwa als Fixer —, wird sein Äußeres geprägt von den Auswirkungen psycho-physischen Abbaus; er zeigt mehr das Äußere des »kaputten Typs«. Manchen Dealern gelingt es, bestimmte — nicht unbedingt dem »Szene-Look« und Dealer-Milieu verpflichtete — Rollen nach außen zu zeigen, um so gegenüber der Polizei schon im Habitus weniger als Dealer aufzufallen. Solche Rollen sind: Rocker in der »Lederkluft«, Zuhälter, Pächter, Geschäftsführer, Barkeeper, Kellner, Disk-Jockey oder Portier in Szene-Lokalen, etwa in Diskotheken.

Ein weiteres Kriterium, Dealer zu beurteilen, bilden Umfang und Intensität ihrer Tätigkeit. Hier mangelt es wiederum an einem in der Szene anerkannten Maßstab bzw. an übereinstimmenden Definitionen etwa des großen, mittleren oder kleinen Dealers. Von Befragten wurden jeweils diejenigen als große Dealer beschrieben, die der Größenordnung des eigenen Lieferanten entsprachen. Die Definitionen ergaben insofern mehr zur Bestimmung des eigenen Standorts des Befragten in der Händlerhierarchie als für einen allgemein anerkannten Maßstab. Beispielsweise bezeichnete sich einer als kleinen bis mittleren Dealer, der selbst 100 kg Haschisch von Persern über Mittelsleute aus einem Versteck in der Lüneburger Heide auf Kredit für 80000 Mark bezogen, kilogrammweise innerhalb von 14 Tagen verkauft und zugleich den Gewinn von 50000 Mark zum Ankauf von erheblichen Mengen »Trips« und Marihuana reinvestiert hatte; seine Lieferanten nannte er »die Großen«. Für andere Befragte galt jeder »Kilogramm-Dealer« bereits als großer Dealer. So hört man im Hinblick auf die Größenordnung einzelner Geschäfte Bezeichnungen wie »Gramm-Dealer«, »Hek-(100-Gramm-)Dealer«, »Kilo-Dealer«. Als wichtigstes Kriterium bietet sich die Unterscheidung danach an, ob der Dealer Konsumenten oder Wiederverkäufer beliefert, ob er also Einzel- oder Zwischenhändler ist. Sogenannte »Klein-« oder »Mini-Dealer« dürften im wesentlichen Einzelhändler sein. Bei ihnen ist dann weiter nach der Intensität des Handels zu unterscheiden, während im Zwischenhandel die einzelnen Stufen und Grade der Organisation zu klären sind.

Ein weiteres Kriterium stellt auf Stetigkeit und Intensität des Handels ab. Hierbei kann unterschieden werden, ob der Dealer noch um Kunden werben muß oder sich auf einen festen Kundenstamm stützen kann, ebenso, ob er feste »connections« hat, die regelmäßigen Handel zulassen. Eine weitere Einteilung beurteilt die Stetigkeit des Dealens nach der Verkaufsfrequenz. Dementsprechend unterscheiden einige etwa nach regelmäßigen Dealern auf der einen, »Gelegenheits-«, »Freizeit-«, »Sonntags-«, »Feierabend-Dealern« auf der anderen Seite.

Anhaltspunkte für die Einordnung des Dealers lassen sich letztlich daraus gewinnen, wo und in welcher Weise die einzelnen Geschäfte abgewickelt werden.

Grob läßt sich unterscheiden, ob in der öffentlichen Szene oder in Privaträumen gedealt wird. In der öffentlichen Szene sind die Treffpunkte des Dealens und Konsums meist identisch. Diskotheken, Teestuben,

Imbißhallen, Bahnhöfe erscheinen heute weniger spezialisiert als zu Beginn der Szene bezüglich des Konsumentenpublikums (Schüler, Studenten, »Ausgeflipte«), bezüglich der Rauschmittel- und Einnahmeformen (»Hascher«, »Fixer«) oder bezüglich der fremdländischen Gestaltung und ausländischen Dealer (Türken, Perser, Malayen, Afrikaner usw.). Einen gewissen Anhaltspunkt für verhältnismäßig intensives Dealen in der öffentlichen Szene gibt die Beurteilung, ob der Dealer ein von anderen respektiertes »Revier« hat oder von Lokal zu Lokal ziehen muß. Der Trend geht jedoch anscheinend in die Richtung privater Stätten des Dealens, wie er auch zeitweilig dahin verlief, daß immer weniger Dealer auftraten und diese immer umfangreichere Geschäfte tätigten. Größere Dealer legen Wert auf eine eigene Wohnung zum ungestörten Dealen. Sie haben zeitweilig sogar zwei Wohnungen, wobei eine dem privaten Aufenthalt, die andere als Dealstätte dient.

Die Abwicklung des Einzelgeschäfts vollzieht sich bei kleineren Dealern uno actu, während bei größeren zwischen Geschäftsanbahnung und Übergabe von Stoff und Geld getrennt wird. Je bedeutender der Händler und sein Geschäft, um so zahlreicher sind, um der Tarnung willen, die Mittelsleute eines einzigen Geschäfts. Je größer das Geschäft, um so eher muß der Käufer sich auf entsprechende Codes verstehen, um so weniger werden ihm die Kontaktleute der einzelnen Etappen bekannt sein, um so mehr muß er mit vorangehenden »Schein-Deals«, Probegeschäften und Überprüfungen rechnen.

Neben dem eigentlichen Dealer trifft man noch andere Personen und Rollen an:

Jeder größere Dealer ist auf eine Reihe von **Mittelspersonen** zur Kundenwerbung und Abschirmung gegenüber der Polizei angewiesen. Hier begegnet man gravierenden, intensiveren Beteiligungsformen, aber auch sporadischen und harmloseren. Da es sich im strafrechtlichen Sinn überwiegend um Formen der Anstiftung, Beihilfe und mittelbaren Täterschaft handelt, andererseits in das polizeiliche Täterbild schon wegen Beweisschwierigkeiten nur der unmittelbare Täter, der das Geschäft eigenhändig ausführt, paßt, ist die Entdeckung in diesem Bereich sehr gering, das Dunkelfeld fast total.

Eine an kriminellem Einsatz gemessen harmlosere Form ist die **Dealhilfe**. Hier findet man in erster Linie Mädchen. Sie halten sich an männliche Dealer, sind meist jung und unerfahren in ernsterer Beschaffungskriminalität. Sie tragen den Stoff für den Dealer. Wenn dieser festgenommen wird, ist ihm nichts nachzuweisen. Besonders in früheren Stadien der Szene-Entwicklung war diese Rückendeckung gegenüber der Polizei beliebt; Mädchen paßten nicht in das polizeiliche Täterbild vom Dealer. Daneben gibt es Hilfen für Dealer etwa dergestalt, daß Autos oder Wohnungen zur Verfügung gestellt oder Fahrten übernommen werden.

Der **Werber** kommt bereits dem Vermittler nahe. Er ist typischerweise

Lockvogel vor Szene-Lokalen und kann formal Portier, Ordner, Kassierer oder Saalschutz in der Diskothek sein. Er »macht Leute an«, wirbt für Dealer, die in der Nähe wirken. Zugleich ist er informeller Kontrolleur der Besucher und Aufpasser für Dealer, um rechtzeitig Hinweise auf zweideutige Personen, z. B. »V-Männer«, zu geben.

Vielfältig sind die Erscheinungsformen des **Vermittelns**. Hier begegnet man kleineren und größeren Handelsbeteiligten, solchen, die noch nicht bereit und in der Lage sind, Geschäfte selbst auszuführen, und solchen, die nicht mehr bereit sind, das Risiko eigener Geschäftsführung zu tragen und daher andere für sich handeln lassen. Eine Abgrenzung zum koordinierenden größeren Händler in Organisationen ist schwierig. Kriterium für den Händler ist, daß er das Geschäftsrisiko trägt und über den vollen Gewinn verfügt, während der Vermittler lediglich eine Prämie erhält, die ein Geringes der Handelsspanne ausmacht.

Der Vermittler wird aus manchen Bedingtheiten der Szene benötigt. Er ist eine Art Fremdenführer. Szene-fremde Personen, z. B. neue Konsumenten oder Stadtfremde, werden Dealern zugeführt. Er kennt viele Abnehmer am Ort — eben seinen Bekanntenkreis der Konsumenten und Dealer. Seiner bedarf es vor allem zur Abschirmung gegenüber der Polizei. Er bahnt größere Geschäfte und Geschäftskontakte unverbindlich an, schafft Vertrauensbeziehungen, berichtet über den Leumund der Beteiligten. Vor allem ist er Mittler beider Seiten, wenn Ausländer und Einheimische einander noch fremd sind. Er bewegt sich also oft auf der als Grauzone bezeichneten Stufe der Berührung zwischen organisiertem Handel und inländischem Verteilermarkt. Vermittler stellen auch Verbindungen zwischen größeren und kleineren Drogenzentren her.

Kommissionsgeschäfte weisen eine ähnliche Variationsbreite auf. Es gibt Einkaufs- und Verkaufskommissionen. Man nennt diese Handelsform »Dealen auf Kris« (Kredit). Naturgemäß eröffnen solche auf Kredit basierenden Geschäfte auf allen Stufen ein weites Feld für Veruntreuungen des Geldes und der Ware — »Linken« — und entsprechend für Zwangsbeitreibung und Racheaktionen.

Dem **Kurier** begegnet man ebenfalls auf allen Handelsstufen. Er tätigt Transporte. Hierzu werden von Dealern und Großhändlern gern Mädchen engagiert, weil sie bei Kontrollen großzügiger behandelt werden und das Transportgut unauffälliger im Gepäck oder am Körper verbergen können.

Handel mit gefälschten Rauschmitteln

Zwar war auch in früheren Zeiten der Betrug mit Falschdrogen bekannt; im wesentlichen handelte es sich aber um harmlose Stoffe, die als Betäubungsmittel verkauft wurden. In der gegenwärtigen Phase hat der Umgang mit gefälschten Rauschmitteln viele Formen, große Ausmaße und erhebliche schädliche Auswirkungen. Zu Beginn der epidemischen Ausweitung des Rauschmittelmißbrauchs war der Betrug noch nicht üblich. Das »Linken« ist ein Symptom für die Kriminalisierung und Demoralisierung der sich ausweitenden Szene und der ihr Zugehörigen.

Unter denen, die Rauschmittel herstellen, fälschen und in den illegalen Markt einführen, finden sich neben Fixern Personen, die selbst nicht oder nur geringfügig Rauschmittel nehmen und die ausschließlich kommerzielle Interessen verfolgen. Im besonderen ist dort mit professionellen Tätern zu rechnen, wo es um chemisch komplizierte Vorgänge des Fälschens geht.

Wesentliche Bedingungen und Motive für die Einführung des artenreichen Rauschmittelbetrugs sind: gelegentliche Engpässe im Drogenschwarzmarkt infolge erfolgreicher kriminalpolizeilicher Tätigkeit, Gewinninteressen der Fälscher und Betrüger, Experimentierfreude der Konsumenten. Dem Falschdrogenhandel kommen einige Handelsgepflogenheiten in der Drogen-Szene zugute: Im allgemeinen werden die Geschäfte Zug um Zug ohne Prüf- und Reklamationsmöglichkeiten abgewickelt. Käufer werden nicht detailliert mit den Eigenschaften der Ware vertraut gemacht. Sie sind total dem guten oder schlechten Willen des Verkäufers ausgesetzt. Verkäufer kennen weder Sorgfaltspflichten noch Rücksichtnahme. Gängige Redensart ist: »Wer sich linken läßt, ist selbst schuld«. Gelinkt zu werden bedeutet für viele Käufer einen Anreiz, nicht nur die falsche Ware weiter abzusetzen, sondern auch das Verhaltensmuster des »Linkens« sich fortan zu eigen zu machen.

Gleichwohl müssen sich Verkäufer gefälschter Stoffe einiger Vorsichtsmaßnahmen befleißigen, denn sie haben immer Racheakte zu befürchten. Das ist der Grund, weshalb sich Dealer häufig bewaffnen. Wegen des Risikos werden jedenfalls bei Totalfälschungen von LSD-Trips größere Geschäfte — hunderte oder tausende Portionen — bevorzugt. Dabei bedient man sich gern Bekannter als Rückendeckung oder handelt arbeitsteilig in Cliquen.

Vielfältig sind die Folgen der Ausbreitung dieser Fälschungsvorgänge. Ist der Fälschungsbetrug selbst mittelbar auch Folge wachsender Kriminalität in der Drogen-Szene, so trägt er seinerseits wiederum zu einer Verschärfung der Kriminalisierung bei: Das Mißtrauen gegenüber allen Händlern und damit auch der Dauerkonsumenten untereinander wächst. Am schwersten wiegen jedoch Folgen im medizinischen Bereich. Da der Konsument nicht mehr weiß, welche Stoffe welcher Zusammensetzung, Wirkkraft und Verträglichkeit er nimmt, mehren sich komplizierte Unfälle: So wurde berichtet, in einem bekannten Rauschmittellokal seien mehrere Fixer zu gleicher Zeit kollabiert, nachdem eine als Heroin ausgegebene Fälschung reihum gegangen sei. Das an sich schon bunte Krankheitsbild des Polytoxikomanen wird noch weniger durchschaubar, die Krankheitssymptomatik noch verwirrender. **Differenzierte klinische Diagnosen bei Rauschmittelnotfällen sind nicht mehr auf Angaben der Patienten über ihre Mitteleinnahmen zu stützen.** Da auch sichere Schnellnachweise angesichts der undurchschaubaren Stoffkombinationen kaum möglich sind, bleiben gezielte Therapien aus. Es läßt sich andererseits nicht ausschließen, daß diese Fälschungsmethoden und die zunehmende Kriminalisierung mit dem großen Vertrauensschwund in der Szene manche Konsumenten — vor allem Probierer — bedenklicher, vorsichtiger und zurückhaltender gestimmt sowie zum »Imagewandel« insgesamt beigetragen haben.

Im einzelnen haben sich folgende Grundformen des Fälschungsbetrugs entwickelt:

Die einfachste, meist harmlosere, bei allen Arten von Rauschmitteln, in erster Linie aber bei Halluzinogenen (»Trips«) geübte Form ist der Handel mit Scheindrogen, der **Placebo-Betrug**. Als Rauschmittel völlig untaugliche Stoffe aller Art, Farbe, Form, Konsistenz werden unter kühnen Namen von »linkenden« Dealern teilweise in Größenordnungen von hunderten bis hunderttausenden Portionen abgesetzt. Gelegentlich werden indes auch hochgefährliche Substanzen — z. B. Jodtinktur als »Berliner Tinke«, 60prozentige Schwefelsäure als LSD — gehandelt.

Üblich ist ferner nahezu bei allen Rauschmitteln das **Strecken** mit unwirksamen und auch gefährlichen Substanzen, um größere Umsätze zu erzielen, Zeiten mangelhaften Nachschubs zu überbrücken, gelegentlich sogar, um Kundenwünsche nach schwächeren oder wirksameren Drogen zu erfüllen, manchmal auch, um Rückstände anderer Rauschmittel oder sonst unbrauchbare bzw. unabsetzbare Substanzen zu verwenden. Gerade Haschisch und Marihuana — die quantitativ bedeutsamsten Rauschmittel in der Szene — werden großenteils derart gestreckt. Jedoch ist systematisches Strecken und Verändern dieser **Cannabisstoffe mit Opium** zum Zwecke, andere schneller süchtig zu machen, bislang tatsächlich fast nie vorgekommen, wenngleich sich in der Öffentlichkeit und unter Betroffenen die Vorstellung davon zeitweilig durchgesetzt hatte. Hierbei begegnet man unterschiedlich begründbaren Zweckgerüchten und rationalisierenden Argumentationen, wenn die Suchtgenese verharmlost, verdrängt oder Gründe für ausgebliebene bzw. schlecht verlaufene Rauschmittelerlebnisse gesucht werden sollen.

Mitunter werden Rauschmittelarten **»umfunktioniert«**. Bei dieser Betrugsform werden handelsübliche Namen, Beschriftungen pharmazeutischer Abfüllungen oder Farben der Stoffe ausgewechselt bzw. verändert.

Mannigfaltig sind **Kombinationen** und **Verschnitte** von Rauschmitteln. Auch hier geht es um größere Gewinne zu Zeiten von Nachschubschwierigkeiten und um erhebliche Gefährdungen unkundiger Abnehmer. Unverkennbar wirken sich hier zugleich Experimentierfreude, Risikobereitschaft und beachtliche pharmakologische Expertenschaft in den beteiligten Kreisen aus. So wurden »Cocktails« zum Injizieren unter Verwendung von Kokain, Morphin, Terpentin, Alkohol, Strychnin und Scopolamin hergestellt.

VIII. Kapitel

Rauschmittelbeschaffung durch Apothekeneinbrüche

Vorbemerkung

Einbrüche in Apotheken sind zu einer der wichtigsten Formen des Beschaffens von Rauschmitteln geworden. Diese Quelle wird fast ausschließlich von Fixern benutzt und war zeitweilig deren bedeutendste. Die Entwicklung der Apothekeneinbrüche wird mitunter als wichtiger Indikator für das Ausmaß des Fixens bewertet. Dieser Maßstab ist spätestens seit der Etablierung des Heroins sowie des organisierten Handels und Schmuggels überholt. Das Beschaffen von Rauschmitteln zum Injizieren durch Einbrüche in Apotheken war früheren Morphinisten kaum geläufig. (Es wurde allerdings vorübergehend in den Jahren 1928/29 in Berlin beobachtet.) Auch in vergleichbaren anderen Ländern ist diese Beschaffungsform selten zu finden. Die Bundesrepublik nimmt insoweit eine einzigartige Stellung ein. Dabei spielt die jeweilige Gesundheitsorganisation eine große Rolle. Das weitverzweigte inländische Apothekennetz, das weitgehende Monopol der Apotheker für die Abgabe von Betäubungsmitteln und die — inzwischen gesetzlich begrenzte — Lagerung größerer Vorräte in den einzelnen Apotheken wirken verlockend.
Hierzulande gehen Apothekeneinbrüche auf einige Fixer in Hamburg im Jahre 1968 zurück. Als seinerzeit das Beschaffen von Rohopium auf erste Schwierigkeiten stieß (infolge verstärkten polizeilichen Einsatzes) und als die ersten jungen Fixer beginnende Entzugserscheinungen erlebten, entschloß sich eine Clique von Fixern, in Apotheken einzubrechen. Man versprach sich davon zugleich ein besseres, reichhaltigeres und leicht zu ergänzendes Sortiment injizierbarer Stoffe. Dem jähen Anschnellen der Apothekeneinbrüche in Hamburg folgte eine ähnliche Entwicklung zuerst vor allem in Berlin, dann in weiteren Großstädten. Während andere Großstädte erstmals diese Entwicklung verzeichneten, wichen erste Einbrecher aus Hamburg bereits in umliegende ländliche Gegenden aus. Für sie wurde Hamburg gefährlicher und weniger erfolgversprechend. Einige Apotheken wurden hier besser gesichert durch Alarmanlagen und Tresore und die Vorräte verringert. Die meisten in Frage kommenden Apotheken waren schon ein- oder mehrmals

heimgesucht worden, so daß die Polizei ihre Verfolgung konzentrierte. Sie kannte inzwischen einen Großteil der in Betracht kommenden Fixer und konnte im Lauf der Zeit viele Einbrüche aufklären; insbesondere wirkte sich dabei die Einrichtung von Spezialabteilungen in Rauschgiftdezernaten der Polizei aus. Es ist auch anzunehmen, daß den Verpflichtungen zu Sicherheitsvorkehrungen, welche die 1970 geänderte Apothekenbetriebsordnung erforderlich machte, zuerst in Hamburg und anderen Großstädten entsprochen wurde; die zunehmende Zahl im Versuchsstadium steckengebliebener Einbrüche und das Abwandern in ländliche Bezirke lassen sich jedenfalls unter anderem damit erklären. Erst als auch in anderen Gegenden diese Beschaffungsform erschwert wurde, verlegten sich einige Fixer stärker auf Ausweichbeschaffungsformen, so u. a. auf die im Umfang allerdings geringeren Muster der Einbrüche in Arzneimittelgroßhandlungen und Arztpraxen, des Raubes bei Apothekern und Ärzten sowie des Erschleichens ärztlicher Verschreibungen.

Diese Beschaffungsform trug in starkem Maß zur Konsolidierung der Fixer-Szene bei. Über längere Zeit war man nicht mehr auf unsichere Verbindungen zu ausländischen Opiumhändlern angewiesen. Die Auswirkungen lassen sich folgendermaßen beschreiben: Jeder Fixer, der von Apothekeneinbrüchen profitierte, steigerte rascher, als es durch die normale Toleranzwirkung bei Opiaten und Amphetaminen angezeigt war, Dosis und Frequenz seiner Injektionen; er »dosierte sich hoch«. In der Rauschmittelkarriere bedeutet ein gelungener Apothekeneinbruch jähes Intensivieren des Mißbrauchs. Zugleich konnten viele Fixer aber erreichen, daß über längere Zeitspannen Abstinenzerscheinungen ausblieben. Dies gelang, weil man den spezifischen Abhängigkeits- und Abstinenzsymptomen bestimmter Mittel entgegenwirken konnte, und zwar durch Wechsel auf andere Mittel, und weil man kaum in Nachschubschwierigkeiten geriet. Vorrätigkeit und leichte Beschaffbarkeit führten vor allem zu einer jähen Expansion der Fixer-Szene. Seit 1968 erst verleiteten die wenigen jungen Fixer der Anfangsperiode zwischen 1965 und 1967, die bis dahin vor allem auf das kostspieligere Rohopium angewiesen waren, viele ihrer Bekannten, vor allem ihre Freundinnen, zum Fixen. Ganze Cliquen von Konsumenten weniger starker Mittel gingen angesichts des verlockenden neuen Ritus und des reichhaltigen Sortiments aus Apotheken beschaffter Stoffe zum Fixen über. Zugleich verstärkte sich der Anreiz, mit neuen oder kombinierten Rauschmitteln zu experimentieren. Der für den Mißbrauch in der Bundesrepublik charakteristische Typus des Polytoxikomanen ist jedenfalls mitbedingt durch dieses Beschaffungsmuster. Diese Folgen waren die eigentlichen schweren Schäden, welche von dem neuen Beschaffungsmuster ausgingen, und nicht jene in Strafurteilen oft hervorgehobenen Gefahren für die Versorgung der Allgemeinheit mit Arzneimitteln oder die materiellen Schäden für Apotheken und Versicherer.

Ausmaß nach Kriminalstatistiken und Dunkelfelduntersuchungen

Die Beschaffung über Apothekeneinbrüche ist nicht nur eine der wichtigsten, sondern auch eine der am leichtesten aufzuklärenden Beschaffungsformen. Das Dunkelfeld ist denkbar klein und noch am ehesten abschätzbar. Häufigste Information über Apothekeneinbrüche ist für die Kriminalpolizei die Opfer-Anzeige. Apothekeneinbrüche weisen im Vergleich zu den meisten Formen sonstiger Rauschmittelkriminalität in der Täter-Opfer-Beziehung die Besonderheit auf, daß die unmittelbaren Opfer — geschädigte Apotheker — nicht zur Szene gehören, sich nicht strafbar machen und darum im allgemeinen anzeigebereit sind. Jedoch dürfte es einige Ausnahmen geben und damit bereits eine Lükke in der Kriminalstatistik. Zunächst werden solche Einbruchsversuche nicht angezeigt, die ohne sichtbare Folgen geblieben sind. Außerdem bleiben Vorfälle ungemeldet, in denen zwar Schäden eingetreten, infolge schlechter Betriebsorganisation jedoch unbemerkt geblieben sind. In einigen Fällen mit minimalen Schäden dürften wegen des Bagatellcharakters Anzeigen absichtlich unterbleiben. Weiterhin ist damit zu rechnen, daß der geschädigte Apotheker mitunter deshalb keine Anzeige erstattet, weil er befürchtet, eine unvorschriftsmäßige Aufbewahrung der Betäubungsmittel oder sonstige betriebliche Organisationsfehler könnten aufgedeckt werden.

Die Polizeiliche Kriminalstatistik weist für die Bundesrepublik folgende Gesamtzahlen der Fälle von Einbruchsdiebstählen in Apotheken im Zeitablauf der neueren Rauschmittelepidemie aus: **1968:** 31; **1969:** 128; **1970:** 822; **1971:** 2713; **1972:** 2066; **1973:** 1282; **1974:** 1309; **1975:** 1261; **1976:** 767. Der Versuchsanteil beträgt jeweils etwa 47%.

Hinsichtlich der tatbeteiligten Personen dürfte dagegen das Dunkelfeld größer sein. Zwar weist die Kriminalstatistik im allgemeinen eine Aufklärungsquote zwischen 45% und 55% aller Apothekeneinbruchsfälle auf. Jedoch ist zu berücksichtigen, daß bei der Mehrzahl der Vorfälle mehrere Personen beteiligt sind, ein Fall aber als aufgeklärt gilt, wenn wenigstens **ein** Tatbeteiligter ermittelt ist. Tatbeteiligte, die im Hintergrund agieren, bleiben meist unerkannt. Insgesamt könnte nach der eigenen Dunkelfelduntersuchung die tatsächliche Aufklärungsquote hinsichtlich der Vorfälle und aller Tatbeteiligten etwa 25 – 30% betragen.

Man darf annehmen, daß die polizeiliche Entdeckung bei Apothekeneinbrüchen im Vergleich zu allen anderen Kriminalitätsformen, die im Zusammenhang mit Rauschmittelumgang stehen, bei weitem am höchsten liegt. Vergleichbar hohe Entdeckungsgrade ließen sich allenfalls bei Einbrüchen in Arztpraxen erzielen. Bei Rezeptfälschungen und einfachen Diebstählen aus Arztpraxen darf man mit einem Entdeckungsgrad von 1 – 5% rechnen. Hingegen dürfte der Entdeckungsgrad bei Erwerb und Abgabe im Kleinhandel unter 1% liegen, im größeren Handel gleichfalls 1% kaum überschreiten. Wenn gerade bei letzteren Kriminalitätsformen Polizeiliche Kriminalstatistiken Aufklärungsquoten von über 95% aufweisen, so wird nur folgendes Paradox sichtbar: Manche Delikte mit größtem Dunkelfeld weisen zugleich höchste Aufklärungsquoten auf. Bei ihnen nimmt die Polizei nur dann — und dies ist selten — Kenntnis von einer Straftat, wenn sie während ihres Ablaufs selbst an Ort und Stelle ist, des Täters also gleichzeitig habhaft wird. Delikte mit relativ geringem Dunkelfeld — wie Apothekeneinbrüche — zeigen im kriminalstatistischen Vergleich verhältnismäßig niedrige Aufklärungsquoten; bei ihnen ist die Polizei in der Regel auf Kenntnisse und Ermittlungen **nach** der Tat aufgrund von Anzeigen, also auf reaktives Ermitteln, angewiesen. Dennoch liegen hier die tatsächlichen Aufklärungserfolge — gemessen an der Gesamtheit aller Vorfälle — am höchsten. Konsequenterweise sind Apothekeneinbrüche bei Verurteilungen von Fixern weit überrepräsentiert.

Der Fixer als Täter

Ausführende der Einbruchsdiebstähle in Apotheken sind in erster Linie rauschmittelabhängige Fixer. Drei Viertel der Einbrüche dürften auf sie zurückgehen. Jungen sind bei den meisten Apothekeneinbrüchen die treibende Kraft. Mädchen spielen eine untergeordnete Rolle; anfangs profitieren sie von den Einbrüchen ihrer männlichen Bekannten; dann fahren sie ab und zu mit und beschränken sich auf helfende, sichernde Tätigkeiten. Erst im weiteren Verlauf ihrer Abhängigkeit können auch sie die Initiative ergreifen oder gelegentlich sogar einen Einbruch eigenständig ausüben.

Der überwiegende Teil der Fixer ist mit der Zeit bereit, sich an Einbrüchen zu beteiligen. Der Umstand, daß ein Fixer Apothekeneinbrüche verübt, ist keineswegs ein Indikator für vergleichsweise besonders starke kriminelle Prägung. Zwar haben es einige wenige verstanden, ihre Kriminalität über lange Zeit unterhalb der Schwelle solcher Verhaltensmuster von der Qualität eines Einbruchs zu halten. Andererseits brachten es andere, durch sehr harte kriminelle Formen auffallende Fixer fertig, gerade Apothekeneinbrüche zu vermeiden, indem sie von den Einbrüchen ihrer Bekannten profitierten und andere Quellen nutzten, um nicht selbst in die Zonen höherer Entdeckungswahrscheinlichkeit zu geraten.

Mit dieser Beobachtung stimmt die Bewertung des Verhaltensmusters durch Fixer selbst überein. Für sie ist der Einbruch in eine Apotheke durchaus normal, für die meisten sogar selbstverständlich. Beispielhaft für diese Selbsteinschätzung mag die Äußerung einer Fixerin sein, die zu den wenigen nicht-prädelinquenten Probanden zählte; sie meinte, sie wäre außerstande gewesen, in einem Warenhaus zu stehlen, ein Apothekeneinbruch hingegen sei für sie nichts Kriminelles, da es sich um die notwendige Beschaffung von »Giften« handele. Manche haben so wenig Hemmungen, in eine Apotheke einzubrechen, daß sie noch zwischen den Verhandlungstagen in entsprechenden Strafsachen und unmittelbar nach einer auf Strafaussetzung zur Bewährung lautenden Verurteilung weitere Einbrüche verüben.

Der Apothekeneinbruch ist ein Beschaffungsmuster, das innerhalb der Fixerkarriere meist erst in einer fortgeschrittenen Phase auftritt. In der Regel gehen Fixer bei ihren ersten Einbruchsbeteiligungen behutsam, sorgfältig, wohlvorbereitet und abwägend vor; sie lassen sich von Erfahrenen einführen und treffen Vorsorge, unmittelbar vor der Tat noch eine Injektion vornehmen zu können, um bei der Ausführung nicht durch Abstinenzerscheinungen behindert zu sein. Mit der Zeit werden sie — falls sie diese Beschaffungsform beibehalten — dreister, draufgängerischer, unvorsichtiger, sorgloser und hastiger. Sie achten nicht mehr so sehr darauf, ob und wie die Apotheke gesichert ist, ob sie Spuren hinterlassen oder beobachtet werden. Dieser Wandel scheint nicht allein Jugendtümlichkeit und wachsende Routine anzuzeigen, vielmehr auch Symptom einer stärkeren Rauschmittelabhängigkeit und Zwanghaftigkeit sowie wachsender Depravation zu sein. In solchen Spätstadien ereignen sich dann — allerdings selten — Fälle, in denen Fixer im akuten Entzugssyndrom, im erheblichen Rausch oder in einem Zustand hochgradigen Wahns, dilettantisch ohne jede Vorbereitung und Sicherung in die nächstliegende Apotheke einbrechen. So berichtete jemand, man sei mit dem Wagen rückwärts gegen die Apothekentür gefahren, um sich eine Öffnung zu verschaffen. Nur in derartigen **Extremfällen** wird man strafrechtlich von einer **Schuldunfähigkeit** sprechen können. Für den Regelfall gilt, daß der Fixer sich eines möglichen Alternativverhaltens wohl bewußt ist, dies aber ablehnt. So wurde mehrmals geäußert, man habe zuvor zwar öfter einen Gang zum Arzt erwogen, dies schließlich jedoch verworfen, weil man die Einweisung in eine Klinik befürchtete oder der Gang nur kurzfristig den Bedarf gedeckt hätte. Auch wurde wiederholt erwähnt, man benötige eine einigermaßen gute Verfassung, um einen Einbruch überhaupt ausführen zu können; in späten Stadien sei man wegen der erheblichen Abbauerscheinungen gar nicht mehr fähig zu solchem Vorgehen oder beschränke sich auf passive Teilnehmerrollen.

Über die Zielsetzung der Apothekeneinbruchsbeteiligungen werden insonderheit gegenüber Justizorganen gern verdrängende Rechtfertigungen gegeben: Man beteilige sich an Einbrüchen nur in Situationen hochgradiger Abhängigkeit, schwerer Entzugssyndrome, akuter Beschaffungsschwierigkeiten, und zwar ausschließlich zur Deckung des eigenen Bedarfs. In ganz wenigen Fällen trifft dies zu. Meistens wird man mitbestimmt durch die Aussicht auf großen Vorrat und breite Auswahl »guter Gifte« sowie durch die Möglichkeit, Bekannten großzügig von der Beute abgeben sowie an Ort und Stelle oder durch Weiterverkauf Geld beschaffen zu können. Zumindest zweitrangig ist ein kommerzielles Interesse im Spiel. Bemerkenswert ist in diesem Zusammenhang auch, daß bereits die ersten rauschmittelabhängigen Apothekeneinbrecher durchaus geschäftliches Gehabe zeigten.

Der einzelne Einbruch wird regelmäßig von Fixer-Cliquen zwischen zwei und fünf Mann, selten — vor allem in späteren Phasen — allein verübt. Die Cliquen bilden sich oft spontan, wenn Fixer beisammen sind, der Vorrat zur Neige geht und jemand den Vorschlag macht, einzubrechen. Mitunter nehmen solche Cliquen dann festere Organisationsformen an. Die gemeinschaftliche Begehung hängt einerseits mit dem ohnehin üblichen Leben in der Fixer-Clique, andererseits mit der dadurch ermöglichten arbeitsteiligen Begehung zusammen: Man benötigt jemand, der das Auto beschafft, Fahrer, Aufpasser und Beteiligte, die sich in der Apotheke selbst auskennen und die Beute beschaffen; dabei übernehmen Ängstlichere, weniger Erfahrene sichernde Aufgaben. Die Clique sucht sich ein geeignetes Objekt. Man stellt in der Nähe das Fahrzeug ab und läßt den Motor aufheulen, um Einbruchsgeräusche zu übertönen. Sobald jemand eine Tür oder ein Fenster eingeschlagen oder eingedrückt hat, entfernen sich alle mit dem Wagen für kurze Zeit, um zu erkunden, ob der Vorgang unbemerkt geblieben sei. Scheint die Situation geklärt, begibt man sich mit dem Wagen erneut in die Nähe der Apotheke. Während die einen in der Nähe des Wagens bleiben und sichern, steigen ein oder zwei Beteiligte in die Apotheke ein. Sie machen den Betäubungsmittelschrank ausfindig, öffnen ihn und entnehmen ihm den gesamten Inhalt. Oft leeren sie außerdem die Kasse und nehmen Injiziergeräte und anderes mit. In Beuteln tragen sie das Vorgefundene zum Wagen. Mitunter injiziert sich jemand noch an Ort und Stelle eine Ampulle des bevorzugten Mittels. Nach dem Einbruch fährt die Clique zur Teilung der Beute zurück. Der Vorgang dauert insgesamt etwa eine halbe bis eine Stunde. Neuerdings spezialisieren sich einige Fixer — nachdem die Betäubungsmittelschränke stärker gesichert sind – auf den Diebstahl von Valoron und anderen Ersatzdrogen, die in größeren Beständen ungesichert angetroffen werden. Während man früher nach ersten Einbrüchen ungeeignete, unbeliebte und gefährliche Drogen fortwarf, verschenkte oder verkaufte, wird heute angesichts der gespannten Marktlage alles Vorgefundene verwendet. Immer wieder stellen Apotheker betroffen fest, daß schwere Gifte wie Strychnin, Zyankali oder Scopolamin gestohlen wurden. Doch haben Fixer seit langem — nicht etwa versehentlich, sondern eingedenk der Risiken — solche Gifte entwendet und für den Verkauf in gestreckter oder verschnittener Zubereitung, mitunter in falsch etikettierten Ampullen, bestimmt.

In weit geringerem Ausmaß sind Täter beteiligt, die sich selbst nicht Rauschmittel injizieren, die allenfalls Mißbrauch mit Alkohol, Haschisch und Weckmitteln betreiben. So nutzten beispielsweise einige Fixer ihre guten Verbindungen zu Rocker-Cliquen sowie deren Interesse, an Geld und Alkohol zu kommen, und deren Routine in ähnlicher Kriminalität, um sie in ihre Dienste zu spannen. Teils geschah es, weil Fixer befürchteten, als solche leicht aufzufallen und eigener Einbrüche überführt zu werden, teils, weil sie in Spätphasen ihrer Abhängigkeit selbst außerstande waren, Einbrüche auszuführen.

Besondere und verwandte Formen

Manche unterstützen die Apothekeneinbrüche anderer, ohne am Einbruch unmittelbar beteiligt zu sein. Solche Hilfen können vor allem darin bestehen, Hinweise für günstige Einbruchsgelegenheiten zu geben, seinen Wagen zur Verfügung zu stellen oder seine Wohnung bereitzuhalten, und zwar als Ausgangs- und Treffpunkt der Einbruchsclique sowie als Ort für die Aufbewahrung der Beute und ihrer Verteilung. Als besondere Form der Teilnahme hat sich zur Zeit der starken Zunahme von Einbruchsdiebstählen in Apotheken der **An- und Verkauf ganzer »Brüche«**, der jeweiligen Einbruchsbeute, herausgebildet. Von Ausnahmen abgesehen, wurde dieser An- und Verkauf geschäftsmäßig betrieben. Um noch weniger in Gefahr zu geraten, mit Beuteteilen aufgegriffen zu werden, verlegten sich andere darauf, lediglich zwischen Einbrechern und Abnehmern zu vermitteln.
Mit dem Erschweren der Apothekeneinbrüche hat sich die Neigung verstärkt, **Einbrüche in pharmazeutische Großhandlungen,** Auslieferungslager und Fabriken zu versuchen. Manche sagen sich, daß es sich eher lohne, das größere Risiko einzugehen angesichts unvergleichlich größerer Gewinnchancen, wenn man ohnehin schon wegen stärkerer Sicherungen in Apotheken auf Praktiken professioneller Einbrecher zurückgreifen müsse. Hier ist natürlich die Vorbereitung umfangreicher. Auch muß die Notwendigkeit, mit kundigen Einbrechern zusammenzuarbeiten, berücksichtigt werden. Schwierig ist es bereits, das geeignete Objekt ausfindig zu machen. In einem Fall kam die Beschreibung der örtlichen Verhältnisse von einem Werkmitarbeiter. Die Vorbereitung setzt längeres vertrauenvolles Zusammenwirken sachkundiger Personen voraus. In mehreren Fällen scheiterte das Vorhaben schon in der Planung mangels einer Vertrauensgrundlage, zumal dabei Personen unterschiedlicher krimineller Milieus zusammentreffen. Der beste Schutz gegen solche Großeinbrüche ist offenbar die psycho-physische Verfassung der beteiligten Fixer sowie ihre Unfähigkeit zu planendem, langwierigem, ausdauerndem, vertrauensvollem Handeln, ihr Drang, spontan vorzugehen und nur aus den Nöten, Wünschen und Möglichkeiten des Augenblicks zu handeln.
Am deutlichsten läßt sich bei dem Beschaffungsmuster des **Einbruchs in Arztpraxen** belegen, daß es sich um einen Ersatz für Apothekeneinbrüche handelt. Der Austauschcharakter wird sichtbar in Eigentümlichkeiten der Täter und Tatbegehung. Erste Einbrüche bei Ärzten

ereigneten sich wiederum in Hamburg 1971, als hier Apothekeneinbrüche erschwert waren. Wiederum waren es Jungen, die dieses stärker kriminelle Beschaffungsmuster einführten. Das Dunkelfeld ist hier etwas größer, zumal einige Einbruchsversuche unbemerkt bleiben. Auch unterlassen mehr Ärzte eine Anzeige, vermutlich deswegen, weil sie nicht zu Unrecht befürchten, Patienten zählten zu den Tätern, und eine Untersuchung brächte Unruhe in den Praxisbetrieb. Außerdem ist die Ausführung leichter als bei Apothekeneinbrüchen, denn Arztpraxen sind geringer gesichert. Daher brechen die Täter regelmäßig allein oder zu zweit ein und wagen den Einbruch auch wohl deshalb öfter im riskanteren Zustand einer akuten Abstinenz. Kenntnis von den Örtlichkeiten haben manche durch vorangegangene Konsultationen bei Ärzten; sie brechen mitunter bei ihrem oder ihres Bekannten Hausarzt ein. Da im übrigen aber die Verhältnisse in den einzelnen Praxistypen sehr unterschiedlich sind — vor allem die Art der Medikamente und ihrer Aufbewahrung —, spezialisieren sich einige auf bestimmte Praxistypen, so auf Praxen von Allgemeinärzten, Gynäkologen, Internisten, Chirurgen. Die Ausbeute an Rauschmitteln ist natürlich geringer als in Apotheken. Es werden außer Rauschmitteln vor allem Rezeptblöcke, Stempel, Injiziergeräte und gelegentlich Geld, oft sogar Waffen entwendet.
Ebenfalls eine Folge, sowohl der Erschwerung von Apothekeneinbrüchen als auch der allgemeinen Kriminalisierung in der Fixer-Szene, ist die mit dem Rückgang der Apothekeneinbrüche einhergehende Zunahme des **Einsatzes von Waffengewalt** bei derartigen Vorgängen. Im einzelnen sind folgende Anwendungsfälle zu beobachten: Waffeneinsatz kann als Eventualmittel des Apotheken- oder Praxiseinbruchs für den Fall der Entdeckung eingeplant sein. Manche Fixer lehnen von vornherein die Mitnahme von Waffen ab, weil sie in kritischer Selbsteinschätzung befürchten, im Ernstfall über bloße Drohungen hinauszugehen. Andere überschätzen das Risiko und führen eine Stich- oder Schußwaffe als »defensives« Mittel beim Einbruch mit sich. Wenige allerdings bewaffnen sich absichtlich für den aktiven Einsatz bei einer Komplikation. Mehrere Fälle des Waffengebrauchs von Fixern gegenüber Apothekenbediensteten oder Polizisten bei der Entdeckung sind bekannt geworden. Waffen werden außerdem gezielt eingesetzt als Mittel des Raubes bzw. der räuberischen Erpressung in Apotheken und Arztpraxen. Befragte berichteten von Begebenheiten, bei denen bewaffnete Fixer unmittelbar im Rausch bzw. im akuten Abstinenzsyndrom spontan am Tage eine Apotheke berauben wollten, aber von Begleitern daran gehindert wurden; in einem anderen Fall will man ebenfalls am Tage zu zweit in eine Praxis eingedrungen sein, den Arzt sogleich geschlagen und ihm Rezeptblöcke entwendet haben. Solche Tatabläufe unter Waffeneinsatz deuten auf einen abnormen Intoxikations- oder Entzugszustand. Fälle von Waffengebrauch anläßlich eines Einbruchs ereignen sich schließlich auch bei Fixern untereinander.

Nicht selten knüpft sich an einen gelungenen Einbruch ein längeres Ringen um den endgültigen Besitz der Beute: Einbruchsbeteiligte werden von Mitbeteiligten oder Dritten gelegentlich unter Waffeneinsatz um die Beute »gelinkt«.

IX. Kapitel

Der Weg in Verwahrlosungskriminalität

Vorbemerkung

Mit zunehmender Integration in die Subkultur der Drogen-Szene und mit fortschreitender Rauschmittelkarriere verbindet sich eine Reihe unterschiedlicher Formen von Verwahrlosungskriminalität. Sie sind Symptome extremer personaler und sozialer Haltlosigkeit der Dauermißbraucher. Systematisches Erfassen dieser Formen und eine deutliche Kausalverknüpfung mit dem Rauschmittelmißbrauch scheiden aus manchen Gründen aus: Sie sind qualitativ und in ihrer Genese unterschiedlich und entziehen sich schon außerhalb des Rauschmittelbereichs — etwa als Delinquenz der Asozialität, Gemeinlästigkeit, des Stadt- und Landstreicherwesens, des Schmarotzens — abgesicherter Systematik. Die meisten Formen kann man in gleicher Weise bei anderen verwahrlosten jungen Menschen vorfinden, wenngleich selten in dieser Dichte. Vor allem zeigen sich Ansätze einer **Schmarotzerentwicklung** bei vielen Karrieren Rauschmittelabhängiger bereits in Phasen, die noch nicht vom Mißbrauch geprägt sind. Ja, man darf vermuten, daß eine gewisse Schmarotzerhaltung mehr mit allgemeiner jugendlicher Verwahrlosung als mit Wirkungen der Rauschmittelabhängigkeit zu tun hat, vergleicht man etwa den erwachsenen Morphinisten oder den Alkoholiker mit dem jungen Polytoxikomanen.
Bedingungen solcher Entwicklungen sind zunächst die Auswirkungen der sozialen Entwurzelung — drop-out-Phänomen — und das Wachsen finanziellen Bedarfs mit steigendem Rauschmittelmißbrauch.
Diese Bedingungen verbinden sich mit einer Art Rechtfertigungsideologie, die ihre Wurzeln in der »Gammlerbewegung« hat. Die ursprünglich sicher auch idealistisch als Gegensatz zur übertriebenen Leistungswertung verstandene »Gammlerhaltung« im Sinne systematischen Nichtstuns auf längere Zeit mit dem gelebten Protest gegen Arbeit, Autorität, Geld, Leistung, Konsum, Fleiß wurde nach und nach zur Rechtfertigung für eine Bequemlichkeits- und Schmarotzerhaltung. Aus dem bei vielen zu Beginn des Mißbrauchs vorhandenen Nicht-Arbeiten-Wollen wurde mit der Szene-Integration und Rauschmittelab-

hängigkeit ein Nicht-Mehr-Arbeiten-Können. Die Rolle des an sich arbeitsscheuen Schmarotzers genoß zu Beginn der Szene sogar einiges Ansehen.

Solche Lebenstechnik des Schmarotzens wird gefestigt durch die sich ebenfalls zur Lebenstechnik verdichtende Neigung des jungen Rauschmittelabhängigen zum Täuschen, Lügen, Schauspielern und Mitleiderregen. Bei den meisten, wenngleich nicht bei allen Fixern verbindet sie sich zudem mit einer Erwartungs- und Anspruchshaltung, die gelegentlich in regelrechten Hang zu luxuriöser Lebensführung mündet. Man begegnet einer ambivalenten Einstellung: Einerseits entspricht es der »Gammlerideologie«, nur soviel Geld zu beschaffen, wie nötig ist, um gerade noch leben zu können. Andererseits trachten viele, oft dieselben, nach einer Art »Playboy«-Lebensführung: Sie fahren Taxi, gehen in gute Restaurants, führen aufwendig Mädchen aus, werfen mit Geld um sich, besuchen Spielkasinos, erstreben eigene Wohnungen, teure Wagen, allzeit modische Kleidung, arbeiten nicht. Natürlich kann es sich bei solcher Lebensführung in Luxus lediglich um kurze Intervalle in der Rauschmittelkarriere handeln. Aus **sporadisch extravaganter Lebensführung** läßt sich keineswegs auf einen durchgehend luxuriösen Lebensstil schließen. Solche Lebensführung ist schon wegen der unsteten Lebensweise, der körperlichen Auswirkungen des Mißbrauchs, der Planlosigkeit und Augenblicksorientiertheit des Fixers und der Unruhe in der Drogen-Szene ausgeschlossen.

Schmarotzerhafte Verhaltensweisen sind durchgängig — stärker in Zeiten ärmlicher, schwächer in Zeiten aufwendiger Lebensführung — zu beobachten, allerdings in jeweils abgewandelten Formen. Sehr junge Menschen, noch unerfahrene und nicht so ausgeprägt abhängige Fixer, Konsumenten, die noch keine »guten Connections« haben oder die noch vor intensiverer Kriminalität zurückscheuen, sind zu Beginn von Rauschmittelkarrieren stärker vertreten. Hier ist auch das systematische Schmarotzen zu nennen, das den Rauschmittelkonsumenten bei Aufenthalten in ausländischen Drogen-Zentren wie Amsterdam, Istanbul, Nepal eigen ist. Eine auffällige Hinwendung zum Schmarotzen trifft man wieder bei Fixern in späteren Phasen an, wenn sie physisch und psychisch außerstande sind, durch härtere Kriminalitätsformen ihren Stoff- und Lebensbedarf zu decken. Kaum ein Fixer kann sich dauerhaft von irgendwelchen schmarotzerhaften Handlungsweisen fernhalten. Selbst der systematische Fixer-Dealer, der lange Zeit große Geschäfte tätigt, entsprechend aufwendig lebt und »Bettler« verachtet, ist sich später, wenn seine Quellen versiegen, nicht zu schade dazu.

Die meisten Erscheinungsformen aus diesem Bereich werden überhaupt nicht oder nur sporadisch verfolgt bzw. registriert. Ohnehin handelt es sich um Grenzbereiche der Kriminalität. Hier seien die wichtigsten, in der eigenen Dunkelfelduntersuchung hervorgetretenen Formen dargestellt.

Betteln

Bei dem Betteln — der paradigmatischen Form des Verwahrlosens und Schmarotzens — sind zwei unterschiedliche Arten anzutreffen: das Betteln um Stoff und Geld unter Zugehörigen der Drogen-Szene und das Betteln um Geld bei Fremden.

Das Betteln untereinander ist weit verbreitet; es ist so selbstverständlich, daß es von Fixern als Betteln kaum wahrgenommen wird. Während wohl jeder im Zustand drohender Abstinenzen und fehlenden Stoffs Bekannte um einen Schuß »anhaut«, verlegen sich wenige unter ihnen auf systematisches Betteln, den »Drogenbettel«. Dabei verstehen es einige, bewußt an Schuldgefühle anderer zu appellieren. Man kennt die ambivalente Einstellung eines Fixers zu Rauschmitteln und zu ihrer Weitergabe an andere. So wendet man sich gezielt an Kameradschaftsgefühl, Solidarität und Mitleid, bedrängt den anderen etwa mit dem Hinweis, daß er bald in ähnlicher Lage sein könne oder schon selbst auf Bekannte angewiesen gewesen war; oder man wendet sich an diejenigen, auf deren Einfluß man die eigene Abhängigkeit zurückführt.

Das Betteln bei Fremden ist weniger stark, wenngleich ebenfalls weit verbreitet. Es wird schon eher von manchem als demütigend empfunden. In diesem Verhalten zeigt sich eine wesentliche »Gammlerattitüde«. So scheint es auch in den Zentren der »Gammlerwelt« mit regerem internationalem Jugendtourismus stärker verbreitet zu sein. Mädchen sind erfolgreicher. Männliche Fixer nutzen dies mitunter in der Weise aus, daß sie ein Mädchen während systematischen Bettelns bei sich haben. Hier wird die gleiche Erfahrung gemacht, die auch »Tramper« nutzen. Mancherorts ist es üblich, Passanten um Fahrgeld oder Zigaretten zu bitten. Hierbei wählen sich geübte Bettler bestimmte Zielgruppen, etwa »progressive« junge oder »gutmütige« alte Menschen, Touristen und »kleine Mädchen« an Bahnhöfen, in Kaffeehäusern oder in Vergnügungsstätten. Bestimmte Formen des Bettelns vereinen in unterschiedlicher Intensität Handlungselemente des Bettelns, des Diebstahls, des Betrugs und der Erpressung. Dazu gehören die Bettelformen, welche im Jargon mit »Schnorren« und »Abstauben« bezeichnet werden.

Prostitution und prostitutionsähnliches Verhalten

Prostitution tritt zunächst in unterschiedlicher Gestalt und Intensität als eine der wesentlichsten Formen von Delinquenz weiblicher Fixer in Erscheinung. Sie ist ein bedeutsames Symptom früher sexueller Verwahrlosung und prägt die Lebensführung umfassend. Die starke Verbreitung von Prostitution und prostitutionsgleichen Verhaltensweisen unter jungen extremen Rauschmittelkonsumenten hat zu tun mit der ganz allgemein zu beobachtenden sexuellen Freizügigkeit unter jungen

Menschen, mit der besonderen Verwahrlosungsdisposition der Fixer-Population und mit der von der Rauschmittelkarriere herrührenden Demoralisierung. So reichen die zu beobachtenden Verhaltensweisen von bloßer sexueller Freizügigkeit über Wahllosigkeit der Intimpartnerschaft bis hin zu gewerbsmäßiger Prostitution.

Ähnlich dem Betteln lassen sich zwei Grundformen der Prostitution unterscheiden: prostitutionsähnliches Verhalten im Bekanntenkreis der Drogen-Szene und echte Prostitution im Sinne gewerbsmäßigen entgeltlichen Sexualverkehrs mit jedermann. Auch hier sind die Übergänge fließend: Die szene-immanente Form wird im Jargon mit »Drogen-Strich« bezeichnet. So wie Mädchen überwiegend durch den Umgang mit jungen Männern zum Rauschmittelmißbrauch und zum Injizieren gelangen, nutzen sie solche Beziehungen dann dazu aus, ihren Stoff- und Geldbedarf zu decken. Fast alle weiblichen Fixer haben in den meisten Zeiten ihrer Rauschmittelkarriere einen Bekannten, von dessen kriminellen Beschaffungsformen sie profitieren oder mit dem zusammen sie solcher Beschaffung nachgehen. Sie geben sich ihm geschlechtlich hin, solange er selbst zum Sexualleben noch fähig ist. Spätestens wenn er inhaftiert wird oder seine »Connections« unterbrochen sind, wenden sie sich einem anderen zu. Jungen charakterisierten dieses Verhalten mit Aussprüchen wie: »Die hängen sich nur an Typen, die Drogen und Geld haben« — »die verkaufen sich für einen Schuß« — »die schlafen sich durch die Drogenwelt«.

Echte Prostitution ist seltener. Sie hat unterschiedliche Formen und Ursachen. So sind einige junge Prostituierte über ihr Gewerbe und Milieu zum Rauschmittelmißbrauch gekommen. Diese Affinität der Prostitution zum Rauschmittelmißbrauch zeigt sich beispielsweise in der partiellen Verschmelzung der Drogen-Szene mit Prostituierten- und Zuhälter-Milieus in großstädtischen Vergnügungszentren. Gelegentlich bedrängen Fixer ihre weiblichen Bekannten, für sie der Prostitution nachzugehen. Auch wird berichtet, daß schon Mädchen im Alter von etwa 15 Jahren im Zusammenhang mit Rauschmittelumgang verstärkt zur Prostitution verlockt und später unter dem Druck drohender Anzeigen dazu genötigt werden. Einige jüngere weibliche Abhängige dürften ferner unter dem Einfluß erfahrener Prostituierter in Strafanstalten und sogar in Heimen zur Prostitution gelangt sein.

In geringerem Ausmaß als bei Mädchen, aber durchaus vergleichbar, zeigen sich bei männlichen Fixern geschlechtsorientierte schmarotzerhafte Verwahrlosungsformen unterschiedlicher Art, Ursache und Intensität. Bei dem Verhalten mit anderen Männern begegnet man der Homosexualität bzw. der **»Strichjungenbetätigung«**. Es ist nicht auszumachen, ob solche Betätigung bei Fixern häufiger auftritt als bei anderen delinquenten jungen Menschen, auch nicht, ob das Verhalten mit homosexueller Veranlagung oder mit bloßem Erwerbsdrang zusammenhängt.

Ähnlich schmarotzerhaft gestalten sich Intimbeziehungen mit Mädchen. Dabei wenden sich einige Fixer besonders an reifere, vermögende Frauen, andere an junge Mädchen. Während das erste eine übliche Form des Sich-Aushalten-Lassens darstellt, ist das zweite eine wohl neuere Form. Im Jargon bezeichnet man die zweite Form als »Butzen-Abstauben«. Bei den Mädchen handelt es sich meist um Schülerinnen oder Lehrlinge, die selbst mit dem Rauschmittelkonsum bzw. Fixen beginnen und »die es schick finden, mit einem kaputten Typ zu gehen«. Sie ketten sich eine Zeitlang an denjenigen, der sie in das Sexual- und Rauschmittelleben eingeführt hat bzw. an dessen Bekannte. Der Fixer nutzt das aus und hält Mädchen dazu an, ihm vom Taschengeld abzugeben, für ihn zuhause zu betteln und zu stehlen, Wertgegenstände zu versetzen, die Wohnung der Eltern in deren Abwesenheit zur Verfügung zu stellen und schließlich auch beim Dealen zu helfen. Ein Fixer berichtete, eine Reihe junger Mädchen so »angemacht«, »angefixt« und dann »abgestaubt« zu haben. Häufig ist solches Vorgehen bei Heimausreißern zu beobachten. Sowohl Jungen als auch Mädchen, die z. B. aus Fürsorgeheimen entweichen, versuchen, sich an Mädchen bzw. Jungen zu ketten, die ihnen helfen, sich über Wasser zu halten.

Diebereien, Betrügereien und sonstiges Schmarotzen

Das Nächstliegende für den Fixer, an Rauschmittel und Geld zu gelangen, ist die Beschaffung im sozialen Nahraum durch Diebstähle und andere Arten des Schmarotzens. Zu den Opfern gehören Verwandte, Bekannte, Mitpatienten. Am bedeutsamsten sind Rauschmitteldiebereien der Fixer in der Drogen-Szene untereinander. Dies ist für die meisten nahezu selbstverständlich, zumindest, wenn sie in akuter Beschaffungsnot sind. Neben Rauschmitteln werden Geld, Nahrungsmittel und Wertsachen entwendet, mitunter sogar Ausweise, um irgendwo anonym untertauchen oder sich unbehelligt in das Ausland absetzen zu können, falls man sie sucht.

Auch sind Kreditschwindeleien im Bekanntenkreis verbreitet. Man »leiht« sich — bei wem, wie oft und in welcher Größenordnung immer es möglich ist — Geld, ohne es zurückzahlen zu können oder zu wollen.

Wenn junge Rauschmittelabhängige überhaupt oder noch gelegentlich einer Arbeit nachgehen, kommen Arbeitsstellenbetrüge, Diebstähle von Waren oder — an geeigneten und deswegen mitunter bevorzugt aufgesuchten Arbeitsstellen — auch von Rauschmitteln bzw. als Rauschmittel verwendbaren Arzneimitteln, ferner wiederum Kreditbetrüge vor. Dem Arbeitsstellenbetrug vergleichbar sind gelegentlich vorkommende Betrugsvergehen gegenüber Behörden bei der Subvention der Behandlung Rauschmittelabhängiger in therapeutischen Selbsthilfegruppen. So wurde von einer Befragten berichtet, für sie sei monate-

lang ein Tagegeld an eine derartige Einrichtung gezahlt worden, obwohl sie nur selten die Einrichtung aufgesucht, statt dessen in Fixer-Kommunen gelebt und weiter Rauschmittelmißbrauch getrieben habe.
Da Ladendiebstähle heute schon allgemein unter jungen Menschen in Großstädten stark verbreitet sind, verwundert es nicht, wenn man dieser Kleinkriminalität besonders stark auch bei verwahrlosten Jugendlichen, insbesondere aber bei jungen Rauschmittelabhängigen begegnet. Bei ihnen sind gelegentliche Ladendiebstähle der gewöhnlichen Art, vor allem aus Warenhäusern und Selbstbedienungsläden, gang und gäbe. Weiterhin gibt es einige Formen systematischer und organisierter Begehung, die über das allgemein Jugendtümliche hinaus typisch sind für das Rauschmittelmilieu. Dazu gehört als wohl wichtigstes Muster der Diebstahl von Schallplatten aus Musikgeschäften. So hat sich ein reger illegaler »Scheiben«-Handel in der Drogen-Szene entwickelt. Einige Plattendiebe betreiben diesen Diebstahl so gekonnt und intensiv, daß sie an manchen Tagen Dutzende und insgesamt Tausende von Schallplatten stehlen. Sie setzen die — von Kunden oder Weiterverkäufern bereits oft bestellten — Platten in der Regel zu Festpreisen in Diskotheken oder an anderen Treffpunkten ab. Daneben hat sich der Textildiebstahl — »Klamotten-Klauen aus Boutiquen« — durchgesetzt. Modekleidung — hier wiederum bevorzugt die der Drogen-Szene entsprechenden Arten wie Leder- und Felljacken sowie Ledergürtel — wird mit allerlei Tricks entwendet und an Disk-Jockeys, Diener, Kellner, Portiers, Zuhälter usw. abgesetzt.
Im Hinterziehen von Fahr- und Eintrittsgeld begegnet man einem unter Jugendlichen schlechthin, besonders aber unter delinquenten und eben häufig auch unter rauschmittelabhängigen jungen Menschen verbreiteten, teilweise fast schon als selbstverständlich angesehenen Verhaltensmuster.

X. Kapitel

Aggressionskriminalität und Rauschmittelmißbrauch

Vorbemerkung

Aggressive Verhaltensweisen nehmen schon im allgemeinen, besonders jedoch in der Kriminalität, in fast allen Ländern zu. Damit verbindet sich steigende Verbrechensangst, vielleicht auch erhöhte Empfindsamkeit. Bedrückend stimmt die Zunahme gerade bei jungen Menschen, ja Kindern. So liegt es nahe, dem Gesichtspunkt der Aggressionskriminalität auch im Bereich des Rauschmittelumgangs Aufmerksamkeit zu widmen.

Dabei mag es letztlich offenbleiben, wie Aggressionskriminalität und ihr Steigen unter jungen Menschen allgemein zu erklären ist, ob etwa mit Verhaltenswissenschaftlern oder Psychoanalytikern im Blick auf Aggressionstriebe oder mit Sozialpsychologen im Blick auf gesellschaftliche Bedingungen und Lernvorgänge in bestimmten Milieus. In jedem Fall scheinen jedoch im Bereich des Rauschmittelumgangs neben allgemeinen Einflüssen besondere Bedingungen für Art und Ausmaß der Aggressionskriminalität bedeutsam zu sein. Wenn Aggressionen Jugendlicher gern mit den Schlagworten »Subkultur der Gewalt«, »Mode der Gewalt« beschrieben und erklärt werden, dürften diese Betrachtungsweisen in besonderem Maße bei Aggressionen in der Subkultur der Drogen-Szene angebracht sein. Hier scheinen durch Milieueinflüsse, subkulturelle Prägungen, Wirkungen von Rauschmitteln und Rauschmittelabhängigkeit aggressive Kräfte frei- und Hemmschwellen herabgesetzt zu werden.

Das Ausmaß der Aggressionskriminalität junger Menschen in der Drogen-Szene abzuschätzen und den konkreten Einfluß des Rauschmittelumgangs auf aggressives Verhalten festzustellen, stößt indes auf erhebliche Schwierigkeiten. Annahmen über einfache Ursachenzusammenhänge gehen fehl. Aggressionskriminalität von Rauschmittelmißbrauchern bzw. Rauschmittelabhängigen ist als Ergebnis eines komplexen Bedingungszusammenhanges zu sehen.

Trotz der Komplexität und entsprechender methodischer Schwierigkeiten in bezug auf Untersuchungen begegnet man häufig einer verallgemeinernden Annahme, wonach Rauschmittelumgang Aggressions-

kriminalität eher mindere denn fördere. Diese **»Aggressions-Reduktions-These«** gründet sich auf folgende Betrachtungsweisen:
Zunächst ordnet sie den Rauschmittelmißbraucher jugendkriminologisch dem Typus der Apathie, einer »Rückzugsstrategie« zu; bei ihm wird daher von vornherein weniger Aggression vermutet als etwa bei dem Typus einer »Rebellionsstrategie«. Man faßt die Kriminalität Rauschmittelabhängiger in der Motivationslage als wesenhaft utilitaristisch, auf Erwerb von Stoff und Geld, nicht auf Protest oder Krawall gerichtet auf. Demgegenüber ist jedoch schon auf die Erfahrung zu verweisen, daß Rückzug aus sozialen Bindungen oder aus Protesthaltungen und Protestgruppen keineswegs mit allgemeinem Nachlassen aktiven oder aggressiven Verhaltens einhergehen muß, daß Aggressionen in gewandelter Motivationslage erneut auftreten können.
Sodann stützt man die Reduktionsthese auf vermeintlich bestätigende Befunde angelsächsischer und schwedischer Untersuchungen. Hierbei werden aber methodische Schwierigkeiten, Grenzen und Fehler verkannt: Überwiegend handelt es sich um Untersuchungen anhand von Akten, von registrierter Kriminalität; das Dunkelfeld bleibt unberücksichtigt. Gerade aber in der Rauschmittelkriminalität sind die **Strukturen tatsächlicher Kriminalität** und amtlich registrierter, **abgeurteilter Kriminalität** nicht deckungsgleich. Aggressionskriminalität ist gegenüber etwa der nur utilitaristischen Kriminalität im Bereich des kriminalpolizeilich Entdeckten, gerichtlich Abgeurteilten weit unterrepräsentiert. Wie so oft wirkt sich auch hier wieder die besondere Täter-Opfer-Lage aus.

Täter-Opfer-Beziehung, polizeiliche Aufklärung und Dunkelfeld

Aggressionskriminalität von Rauschmittelabhängigen weist in der Mannigfaltigkeit ihrer Erscheinungsformen unterschiedliche Täter-Opfer-Strukturen auf. Mit der Definition als Aggressionskriminalität ist allerdings vorgegeben, daß anzeigefähige Opfer, d. h. geschädigte Personen, vorhanden sind. Ob die Opfer tatsächlich anzeigen und damit die Wahrscheinlichkeit polizeilicher Aufklärung entscheidend vergrößern, hängt davon ab, in welcher Weise sie selbst mit dem Täter, mit Rauschmitteln und mit der Subkultur zu tun haben.
Bereits aus der Aggressionskriminalität im Zusammenhang mit Alkoholmißbrauch ist bekannt, daß Opfer häufig dem Bekanntenkreis der Täter zugehören und selbst zur Tatzeit unter Alkoholeinfluß stehen. Gleiches gilt für Opfer von Rauschmittel-Aggressionskriminalität. Sie gehören oft dem Bekanntenkreis des Täters und damit der Drogen-Szene an, und sie treiben meist selbst Mißbrauch. Rauschmittelabhängige sind häufig Opfer der Aggression anderer Abhängiger und üben Aggressionen gegenüber anderen Rauschmittelabhängigen aus, d. h., sie nutzen untereinander die sich aus Abhängigkeit und Szene-Zugehörig-

keit ergebenden Schwächen rücksichtslos aus und sind Raub, Erpressung, Drohung, Nötigung, auch Mord und anderen Gewalttaten stärker ausgesetzt.

Daraus folgt die **geringe Anzeigebereitschaft der Opfer**. Sie hätten bei einer Anzeige die Entdeckung eigener Straftaten und darüber hinaus möglicherweise Vergeltungsmaßnahmen zu befürchten. Hinzu kommt, daß — durch die intensive Szene-Integration der Mißbraucher und die Üblichkeit mancher mit Aggressionen verbundener Kriminalitätsformen in der Szene — Opfer solche Aggressionen überwiegend als selbstverständlich hinnehmen; man kann von größerer **Opfer-Toleranz** sprechen. Kein Fixer käme auf den Gedanken einer Anzeige, wenn er etwa von einem anderen, in dessen akuter Abstinenz angefallen, »gelinkt«, geschlagen oder um Stoffe beraubt wird. So bleibt fast der gesamte Bereich kleinerer und mittlerer Aggressionskriminalität Rauschmittelabhängiger mangels Anzeige im Dunkelbereich des polizeilich Unentdeckten. Bezeichnenderweise fand man in der abgeurteilten Kriminalität inhaftierter schwedischer Rauschmitteltäter zwar insgesamt weniger, jedoch häufiger besonders schwere Aggressionsdelikte als bei anderen Gefangenen. Hierin dürfte sich diese durch die besondere Täter-Opfer-Lage bedingte Auswahl der zwar verbreiteten, aber minderschweren Aggressionskriminalität bei der polizeilichen Entdeckung ausdrücken. Nur bei Aggressionskriminalität gegenüber szene-fremden Opfern oder bei schwersten Fällen wie Mord kann ein wesentlich höherer Entdeckungsgrad erreicht werden. Im Bereich schwerer szene-immanenter Aggressionskriminalität gibt es einige, die endgültige polizeiliche Aufklärung zusätzlich hemmende Faktoren, die hier nur beispielhaft dargestellt werden:

Mitunter steigern sich bestimmte Einzelfälle kriminellen Geschehens zu unaufklärbaren Gruppenaktionen mit enormer Aggressionsausweitung. So wurde in einem sowohl für die Drogen-Szene als auch für Rocker- und Homosexuellen-Gruppen bekannt-berüchtigten Lokal ein Fixer »gelinkt«; es wurden ihm Rauschmittel in der Toilette gewaltsam abgenommen. Der Täter gehörte zu einer anderen Clique. Der »Gelinkte« besorgte daraufhin mit seiner Clique Schläger aus der Umgebung, um Rache zu nehmen. Die andere Clique bemerkte das und zog gleichfalls Rocker hinzu, so daß sich eine wilde Lokalschlägerei entwikkelte, in deren Verlauf mehrere Personen erheblich verletzt wurden. In dieser Situation beschränkte sich die gerufene Polizei letztlich auf schlichtende Tätigkeit. In solchen »Situationen des Konflikts« dürften Tat- und Täterermittlungen unterbleiben oder eingestellt werden, und zwar — abgesehen von tatsächlichen und rechtlichen Aufklärungsschwierigkeiten — wegen der »Blamage« für die Polizei oder aus Zweckmäßigkeitsgesichtspunkten, weil sie umfangreiche, ergebnislose Ermittlungen bedeuten, möglicherweise ferner aus der Erwägung heraus, eine Aufklärung sei weniger nötig, solange sich Subkulturzugehörige lediglich untereinander befehden, ohne Fremde hineinzuziehen. Auch wurde öfter über Vorfälle berichtet, in denen man angesichts erfolgter und bevorstehender Bedrohungen, Erpressungen, Zerstörungen oder Racheaktionen vergeblich um polizeiliche Hilfe und Aufklärung gebeten habe. Wenn Polizei in solchen Situationen nicht rechtzeitig, ungenügend oder gar nicht tätig wird, mag dies mehrere mögliche Gründe haben: Es ist schwer auszumachen, ob solche Angaben Rauschmittelabhängiger auf Wahnvorstellungen oder tatsächlichen Wahrnehmungen beruhen — jedenfalls kommt beides des öfteren vor —, und Polizeibeamte könnten mitunter aus ihrer Erfahrung geneigt sein, Fälle von Verfolgungswahn zu vermuten bzw. auch böswillige Falschangaben und Täuschungen argwöhnen. Von manchen Gewalttaten erfährt die Polizei zwar informell, kann sie aber letztlich nicht klären, weil ihre Informanten nicht bereit sind, vertrauliche Angaben förmlich zu Protokoll zu geben oder als Zeugen aufrechtzuerhalten. In wieder anderen Fällen werden zwar Tat und Täter der Polizei bekannt, nicht jedoch der Zusammenhang mit Rauschmittelmißbrauch und Drogen-Szene. Täter und Opfer verschweigen den Zusammenhang, um eine Ausdehnung der Ermittlungen zu vermeiden. Auch ist der Zusammenhang mit Rauschmittelmißbrauch bei akuten Intoxikationen äußerlich weniger leicht erkennbar und prüfbar als bei Alkoholmißbrauch.

Wo in Bereichen der Rauschmittelkriminalität, vor allem der Aggressionskriminalität, die polizeiliche Kontrolle erfolglos ist oder ausbleibt, kann sich eine Art illegaler **Selbstjustiz der Szene** durchsetzen. Diese bedient sich wiederum teilweise aggressiver Mittel in ihren Vergeltungs- und Vollstreckungsaktionen.

Sind vor allem schon aus Besonderheiten der Täter-Opfer-Lage Bedenken gegen die »Aggressions-Reduktions-These« begründet, so sprechen manche weiteren Beobachtungen eher für eine zumindest partiell steigende Aggressionskriminalität in der Drogen-Szene. Im Widerspruch zur Reduktionsthese stößt man hier bereits auf verbale Aggressionen; zu nennen sind etwa verbales Verharmlosen schwerer Kriminalität oder von Folgen des Rauschmittelumgangs, Drohungen, Obszönitäten. Zahlreiche Selbstdarstellungen Rauschmittelabhängiger zeugen von ertragener und ausgeübter Aggression in vielfältigen Situationen und Formen. Etwa jeder zweite danach befragte Fixer gab an, im Laufe der Rauschmittelkarriere aggressiver geworden zu sein. In Repräsentativerhebungen unter Jugendlichen tendiert die Selbsteinschätzung der Rauschmittelkonsumenten, insbesondere der Fixer-Gruppen, ebenfalls stärker in die Richtung von Aggressivität. Solche Beobachtungen in der Szene, Gespräche mit Szene-Zugehörigen und Selbstdarstellungen Rauschmittelabhängiger lassen jedoch immer nur Eindrücke von Aggressivität zu; sie erlauben keine Generalisierungen, da es an einer Meßbarkeit aggressiven Verhaltens fehlt.

Auch die eigenen Untersuchungen gebieten Vorsicht gegenüber Verallgemeinerungen. Immerhin geben sie Möglichkeiten, kriminalstatistisch gewonnene Annahmen und Aussagen zu relativieren, typische Situationen aggressiven Verhaltens zu beschreiben und einige wahrscheinliche Zusammenhänge von Rauschmittelmißbrauch und Aggression zu erhellen. Vor allem liefern sie wesentliche Anhaltspunkte dafür, daß erst bestimmte Persönlichkeits- und Sozialkonstellationen gegeben sein müssen, um den Mißbraucher zum Gewalttäter werden zu lassen.

Ein Teil der Fixer scheint Aggressionskriminalität auf einem »normalen« Niveau zu halten oder sogar, im Vergleich zu kriminellen Verhaltensweisen vor dem Rauschmittelmißbrauch, in mancher Beziehung — möglicherweise auch entwicklungs- und altersbedingt — zu verringern. Ein vielleicht nicht geringerer Teil von Fixern zeigt jedoch erhebliche Aggressionskriminalität. Die Angaben der Befragten über sich und über ihre Erfahrungen im Bekanntenkreis lassen vermuten, daß mit der Expansion der Drogen-Szene, mit der Verjüngung von Konsumenten, mit der Verschmelzung der Szene und anderer krimineller Subkulturen, mit der Verknappung der Stoffversorgung und der Verhärtung von Mißbrauchsformen ein Trend zu sich ausweitender Aggressionskriminalität entstanden ist.

Wie stark Persönlichkeitsfaktoren und Prädispositionen hinsichtlich Aggressionskriminalität unabhängig vom Rauschmittelmißbrauch mitbestimmend sind für das Ausmaß dieser Kriminalität, wird deutlich bei dem Geschlechtervergleich und der Betrachtung solcher Fixer, die in der Lebensgeschichte eine Phase der Zugehörigkeit zu Rockern aufwiesen. Erwartungsgemäß ist die Belastung mit Aggressionskriminalität bei weiblichen Fixern trotz gleich starken Rauschmittelmißbrauchs wesentlich geringer als bei männlichen. Übereinstimmende Befunde ergeben sich aus der Repräsentativbefragung bei Schülern und bei der Untersuchung jedes einzelnen mit Aggression verbundenen kriminellen Verhaltensmusters. Ebenso erwartungsgemäß ist die rauschmittelbezogene Aggressionskriminalität bei Fixern, die in der Vergangenheit Rocker-Cliquen zugehörten und entsprechende Erfahrung mit zahlreichen aggressionskriminellen Verhaltensmustern bereits vor dem Rauschmittelmißbrauch hatten, stärker als bei anderen Fixern.

Situationen aggressiven Verhaltens

Aggressionskriminalität Rauschmittelabhängiger ist nur teilweise vorsätzliche, geplante, gleichförmig strukturierte Kriminalität und somit nur zum Teil zu Verhaltensmustern, welche sich in der Drogen-Szene durchsetzen, verdichtet. Es gibt nicht **die** rauschmittelbedingte Aggressionskriminalität. Sehr oft handelt es sich um kaum motiviertes, spontanes, auch fahrlässiges Handeln. Es erscheint daher sinnvoll, die durch den Rauschmittelumgang geprägten Situationen zu charakterisieren, in denen sich typischerweise Aggressionen entladen.

Im **akuten Rausch** oder Delir, also im Intoxikationsstadium, welches zu Bewußtseinsstörung führt, Stunden, Tage oder Wochen anhält und bei allen geläufigen Rauschmitteln bekannt ist, kann die rationale Kontrolle über das Verhalten stark beeinträchtigt sein. Fehlende Realitätskontrolle, Trugwahrnehmungen, Angst- und Aufregungszustände sowie die allgemeine Enthemmung können bestimmte aggressive Verhaltensweisen begünstigen. Nicht jede sich in akuter Intoxikation ereignende Aggression darf indes auf diese Intoxikation zurückgeführt werden. Befragte schilderten Situationen, in denen sie sich bewußt beispielsweise Weckmittel injizierten, um bei einer geplanten aggressiven Handlung — Einbruch, Raub, Erpressung, Vergeltung — die nötige Selbstsicherheit zu gewinnen.

Der **Verfolgungswahn** ist ein häufig im Verlauf des Mißbrauchs eintretendes Krankheitssymptom, das in besonderer Weise geeignet ist, unberechenbare, unvorhersehbare Aggressionen auszulösen. Paranoische Zustände können sich vor allem bei Amphetamin- und Kokainmißbrauch, ferner auch beim Umgang mit Haschisch, anderen Halluzinogenen und weiteren Rauschmitteln einstellen. Wenn solche Aggressionen tatsächlich — wie mitunter in der Fachwelt behauptet — persönlichkeitsfremd auftreten können, so werden sie doch von den Rauschmittel- und szene-verbundenen Alltagssituationen mitgeprägt. Dafür ist der von den meisten Fixern genannte **»Polizeiverfolgungswahn«** kennzeichnend. Man meint, selbst in vertrauten Personen oder in irgendwelchen Kraftwagenfahrern Polizisten zu erkennen. Solche Wahnbilder knüpfen an durchaus wirklichkeitsnahe Situationen an, denn jeder Fixer hat Grund und kennt genügend Begebenheiten bei sich und im Bekanntenkreis, von Polizeibeamten kontrolliert oder verfolgt zu werden. Alltagsängste werden also reaktiviert und verstärkt in rauschmittelbedingten paranoischen Zuständen. Der Abhängige kann in eine panische Fluchtstimmung geraten oder vermeintliche Verfolger unberechenbar angreifen. Es wurden Dauerzustände solcher Art geschildert; man rannte stunden-, ja tagelang in der Stadt umher, wobei sich die Zahl vermeintlicher Verfolger vergrößerte und manche anderen Fixer in Mitleidenschaft gezogen wurden.

Eine besondere Erscheinung der Intoxikation, die in manchen Situationen zu aggressivem Verhalten stimulieren kann, ist der sogenannte **Horror** oder »bad trip«. Diese abnorme psychische Erlebnisreaktion tritt oftmals im Zusammenhang mit dem Konsum von Haschisch, anderen Halluzinogenen, wohl auch Amphetaminmißbrauch auf und ist mit Angst- und Panikreaktionen verbunden. Um eine ähnlich abnorme Erlebnisreaktion mit gleichen Risiken für aggressives Verhalten handelt es sich bei dem sogenannten flash-back — Nachhallpsychose, Echorausch, Nachrausch. Tage, Wochen, sogar Monate nach der letzten Einnahme von Haschisch, LSD oder Weckaminen kann ein erneuter Rauschzustand — oftmals nach Art eines »Horror« — ohne erneute

Mittelzufuhr eintreten. Ungeklärt ist, ob es sich um pharmakologisch oder ausschließlich psychisch bedingte Wirkungsmechanismen handelt. Wieweit die von Befragten angegebenen Aggressionen im Zusammenhang mit einem Echorausch anderen bestimmenden Faktoren zuzuschreiben sind, läßt sich nicht feststellen.

Weniger klar situativ zu umreißen ist der Zustand **chronischer Intoxikation** mit starken Wesensveränderungen. Einerseits kann die Fähigkeit zu jeglicher Aktivität verlorengehen, andererseits sind spontane Aggressionen bei totaler Hemmungslosigkeit und fehlender Handlungskontrolle in diesem Stadium durchaus möglich.

Aggressionsauslösend, im Rauschmittelmißbrauch wurzelnd, sind häufig Situationen erzwungener **Rauschmittelabstinenz** bei psychisch-physischer Abhängigkeit, also vor allem bei Opiatentzug. Fixer bezeichnen die Entzugssymptomatik als »ersten«, »kleinen«, »großen« oder »tierischen Affen«. Entzugssyndrome sind gekennzeichnet von Symptomen wie: undefinierbare Schmerzen, Ängste, Depressionen, Frösteln, Appetit- und Schlaflosigkeit, Übelkeit und Erbrechen, Unruhe, Blutdruckanstieg, Kollaps. Bereits die dem eigentlichen Entzug vorangehenden Phasen können von schweren Ängsten vor dem Entzug ausgefüllt sein, die in gleicher Weise Aggressionen auszulösen vermögen.

Je nach charakterlicher Disposition und subkultureller Beeinflussung wird in solchen Situationen der eine mehr und schneller, der andere weniger und später Aggressionen zeigen. Wenn überhaupt situative, rauschmittelbedingte Umstände Aggressionen auszulösen vermögen, dann sind es in erster Linie diese Entzugsphasen. Aggressionen können sich etwa in einer Klinik gegen Therapeuten und Mitpatienten, gegen Bekannte in der Szene sowie gegen Personen und Sachen richten, bei denen man Rauschmittel vermutet. In solchen — wie auch in den dargestellten paranoischen — Phasen haben Fixer voreinander Angst und trauen ihren besten Freunden rücksichtslosestes Vorgehen zu. In Amerika spricht man von dem »nervous junkie with an itchy trigger finger« (dem »leicht reizbaren Fixer mit einem juckenden Finger am Abzug der Schußwaffe«). Aggressive Handlungen sind situationsgemäß primär auf weiteren Nachschub gerichtet. Hierzu findet sich folgende Selbstdarstellung: »Rabiat wird man schon, wenn man nichts hat. Ein Sechzehnjähriger, sonst feig und traut sich nichts, geht plötzlich auf einen los, der sich grad was gespritzt hat und sein Flash hat und grad weg ist — und der geht auf ihn los und haut ihm eine rein, daß er blutig ist. Erst wie das Flash vorbei war, da hat ihn der andere verprügelt.«

Aggressionspotential einzelner Rauschmittelarten

Angesichts zahlreicher Schwierigkeiten sind zwar Beobachtungen über allgemeine Zusammenhänge zwischen Aggressionskriminalität und Rauschmittelmißbrauch möglich, kaum aber konkrete Aussagen über das spezifische Aggressionspotential bestimmter Mittel. Dies ist einer der Gründe, weshalb Rauschmittelstrafgesetze in vielen Ländern nicht qualitativ zwischen einzelnen Rauschmittelarten unterscheiden. Die wichtigsten Hindernisse detaillierten Forschens sind: Vielfalt, Unberechenbarkeit, Veränderbarkeit der Wirkung einzelner Drogen bzw. Rauschmittel, die Art und Weise des gegenwärtigen Rauschmittelumgangs — insbesondere die Polytoxikomanie — sowie personale und soziale Begleitumstände.

Alkohol ist das Rauschmittel, welches nach statistischen Untersuchungen den stärksten Zusammenhang mit Aggressionskriminalität zeigt. Aussagen über solche Zusammenhänge sind bei Alkohol noch am ehesten möglich wegen geringerer Forschungshindernisse:

- Alkoholismusforschung wird in unterschiedlichen Kulturbereichen seit langer Zeit betrieben.
- Alkoholismus ist eine verbreitete Erscheinung.
- Zahlreiche Alkoholiker nehmen kaum andere Mittel, so daß Stichproben »reiner Alkoholiker« zur Verfügung stehen.
- Für vorangegangenen Alkoholkonsum gibt es praktikable Möglichkeiten des Schnellnachweises.

Heute kann ein Zusammenhang zwischen Alkoholmißbrauch und Aggressionskriminalität als erwiesen gelten. Untersuchungen in Deutschland und im angelsächsischen Bereich kommen überwiegend zu dem Ergebnis, daß um 50% aller Verbrechen junger Menschen nach vorangegangenem Alkoholgenuß begangen wurden. Bei bestimmten Aggressionsdelikten — Mord, Raub, Notzucht, Körperverletzung — scheinen die Werte noch höher zu liegen. Doch selbst diese belegten Zusammenhänge lassen viele Fragen über Art und Weise der Entstehung von Agressionskriminalität bei Alkoholisierten offen; Alkohol kann nicht schlicht als eine oder gar die Ursache von Aggressionskriminalität angesehen werden. Sicher bewirkt Alkohol in größerer Dosierung Enthemmung und Kontrollverlust. Doch müssen weitere Bedingungen in der Persönlichkeit, in Umgebung und Situation vorliegen, damit jemand unter Alkoholeinfluß tätlich wird. Dies wird bereits deutlich in dem erwähnten, ebenfalls statistisch abgesicherten Befund über die Täter-Opfer-Situation bei Alkoholkriminalität. Es zeigt sich auch darin, daß eine stark durch Alkoholumgang und Aggressionskriminalität auffallende Gruppierung — die Rocker — weitgehend unabhängig vom Alkohol bereits kriminalitätsdisponiert ist und daß Gruppenmechanismen im aggressionskriminellen Geschehen gleichfalls bedeutsam sind.

Nächst dem Alkohol werden im allgemeinen den **Weckmitteln** — Amphetamine, Zentralstimulantien — intensive aggressionsfördernde Eigenschaften zugeschrieben. Im Unterschied zu Alkohol und Opiaten führt anhaltender Amphetaminmißbrauch nicht oder kaum zu körperlicher Abhängigkeit. Daher scheiden abhängigkeitsspezifische, mit Aggressionen verbundene Beschaffungs- bzw. Entzugsdelikte aus. Hingegen scheinen um so stärker bei extremen Mißbrauchern Aggressionen als Folge akuter oder chronischer Intoxikation mit entsprechend psychotisch-paranoischen Zuständen beobachtet zu werden. Hier dürften die bei normalem, indiziertem Umgang eintretenden leicht stimulierenden Wirkungen in extreme Formen ausgeprägter Hyperaktivität, kritikloser emotionaler Abreaktion und eventuell auch Aggressivität umschlagen. Dies kann sowohl bei Einnahme legal erhältlicher Weckmittel, als auch verstärkt bei intravenöser Zufuhr dieser und illegal bezogener Weckmittel eintreten. Eine typische psychotische Erscheinung des Amphetaminmißbrauchs, bei welcher Aggressionen ausgelöst werden können, ist der sogenannte Speed-Run, der bis zu Wochen anhält. Die Beobachtungen über entsprechende Aggressionskriminalität gipfeln in den berichteten »Speed Kills« aus dem als eines der ersten und bedeutendsten Mißbrauchszentren bekannten Haight-Ashbury-District von San Francisco. Aber selbst diese gefundenen Zusammenhänge lassen noch Fragen danach unbeantwortet, wieweit sie sich auf besondere Personengruppen beziehen, die nach ihrer Primärpersönlichkeit und Gruppenzugehörigkeit ohnehin zu Aggressionen neigen, ob es sich also — was zu vermuten ist — um besondere **Syndrome personaler, sozialer, situativer und rauschmittelbedingter Faktoren** handelt, ob gar bestimmte Personengruppen mit aggressiven Neigungen bewußt Weckmittel zur Stärkung ihrer Aggressionsbereitschaft einsetzen — ähnlich dem Mut-Antrinken. Auf jeden Fall aber kann auch in solchen komplexen Bedingungsgefügen dem Weckmittelmißbrauch ein wichtiger Stellenwert bezüglich der Aggressionskriminalität beigemessen werden. Gleiche Risiken der Auslösung aggressiven Verhaltens wie bei Mißbrauch von Weckmitteln sind dem **Kokain-Mißbrauch** beizumessen, da Kokain im wesentlichen zu gleichen psychopathologischen Erscheinungen führt.

Barbiturate und andere Schlafmittel scheinen sowohl bezüglich der Möglichkeit körperlicher Abhängigkeit als auch aggressionsfördernder Eigenschaften Ähnlichkeit mit Alkohol zu haben. Bei indikationsgemäßem Gebrauch lähmen sie eher die Aktivität. Doch wird auch von der Paradoxwirkung berichtet, daß sie bei starkem Mißbrauch und latenter Aggressionsbereitschaft Auslöser für Aggressionen sein können. Befragte Fixer hatten weniger Erfahrung mit intensivem Barbituratmißbrauch, obwohl einige über den Mißbrauch von sedierenden Drogen als Ersatz für andere Rauschmittel oder als Mittel, negative Wirkungen anderer Mittel zu beseitigen — z. B. »Herunterschießen vom Trip mit Valium« —, berichteten. Verallgemeinernde Aussagen über Zusammenhänge mit Aggressionskriminalität sind dort eher möglich, wo der Mißbrauch von solchen Mitteln dominiert. Dies scheint zeitweilig in Österreich, Schweden, Großbritannien und Japan der Fall gewesen zu sein, wo diese Mittel in größerem Umfang als Einstiegs- oder Ersatzrauschmittel benutzt wurden.

Opiate — einschließlich **Heroin** — sind sozusagen die Statusrauschmittel eines Fixers. Sie pflegen gemeinhin mit Kriminalität, auch Gewaltkriminalität, in Verbindung gebracht zu werden und sind immerhin die Mittel, welche zu stärkster, bei Heroin zu schnellster körperlicher Abhängigkeit führen. Dennoch wird im Fachschrifttum öfter ein enger Zusammenhang zwischen Opiatmißbrauch und Aggressionskriminalität verneint. Für eine genauere Aussage nach neueren Erfahrungen ist die heutige Drogen-Szene zu bunt; die vorherrschende Polytoxikomanie unter Fixern steht einer exakten Prüfung entgegen. Zu beachten ist jedoch, daß Opiatabhängigkeit vielfältige Formen krimineller Mittelbeschaffung begünstigt, unter denen sich solche mit Elementen der Gewalt — beispielsweise Einbrüche und Raub — befinden. Schließlich sind im Rahmen der Opiatabhängigkeit besondere, bereits dargestellte Situationen bekannt, die aggressives Verhalten sicherlich begünstigen: Entzüge und Entzugsängste. Es ist daher damit zu rechnen, daß auch Opiatmißbrauch bei bestimmten Personen und in bestimmten Situationen Aggressionskriminalität fördert. Relativiert werden diese Beobachtungen dadurch, daß man offenbar bei »klassischen Morphinisten« stärkere Aggressionskriminalität nicht verzeichnete.

Am weitesten gehen die Ansichten auseinander in der Beurteilung eines etwaigen Aggressionspotentials von **Halluzinogenen**, einschließlich des **Haschisch**. Gleichzeitig sind hier die Erkenntnislücken wohl noch am größten. Beobachtungen in Ländern und Kulturen mit langer Tradition des Cannabiskonsums sind nicht auf unsere Kultur ohne weiteres übertragbar und entsprechen kaum heutigen wissenschaftlichen Maßstäben. Selbst amerikanische Untersuchungen des letzten Jahrzehnts können auf europäische Verhältnisse kaum angewandt werden, weil das Augenmerk dort in erster Linie dem bedeutend schwächeren Marihuana, hier dem stärkeren Haschisch gilt. Erfahrungen mit LSD und verwandten Halluzinogenen bestehen erst in jüngster Zeit. In der Diskussion über Wirkweisen und Auswirkungen des Haschisch begegnet man oft extremen Auffassungen und Vorurteilen, die von einer totalen Verneinung möglicher Zusammenhänge mit Kriminalität oder gar Aggressionen bis zur Übertreibung solcher Zusammenhänge reichen. Statistische Untersuchungen und klinische Beobachtungen über die Auswirkungen des Haschischkonsums lassen sich etwa so zusammenfassen: Es besteht keine direkte Beziehung zwischen Konsum und Kriminalität. Mäßiger Konsum scheint latente Aggressionsbereitschaft eher zu dämpfen. Unter Haschischkonsumenten findet man bedeutend weniger, bei denen Gewaltdelikte bekannt sind, als etwa unter Amphetamin- oder Alkoholmißbrauchern. Jedoch gibt es auch bei Haschischmißbrauch Stadien und Situationen, in denen sich manche — vor allem solche mit latenter Aggressionsbereitschaft — aggressiver verhal-

ten; dann kann Haschisch ebenso wie etliche andere Mittel Auslöser aggressiven Verhaltens sein. Solche Situationen können bereits bei ersten Konsumversuchen eintreten, wenn die Wirkungen unerwartet heftig sind; der Unerfahrene reagiert bisweilen panisch. Der Konsum kann zum Verlust von Hemmungen und Kritikfähigkeit führen. Auch werden des öfteren psychotisch-paranoide Zustände beobachtet, in deren Verlauf Aggressionen und Autoaggressionen auftreten können. Einige psychopathologische Erscheinungen im Verlauf chronischen Haschischmißbrauchs sind in ihrer Genese letztlich ungeklärt, so Psychosen und die sogenannte Haschischdemenz. Denkbar ist, daß latente Psychosen im Laufe des Haschischmißbrauchs in akute Stadien geraten. Immerhin besteht in solchen Zuständen ein erhöhtes Risiko auch für aggressives Verhalten. Risiko und Vielfalt psychopathologischer Erscheinungen mit der Möglichkeit der Auslösung aggressiver Verhaltensweisen sind bei Halluzinogenen wie LSD größer.
Andererseits können spezifische Wirkungen von Halluzinogenen an sich nicht irgendwelche kriminellen Formen der Rauschmittelbeschaffung begünstigen, da keines der Mittel zu nennenswerten körperlichen Abhängigkeiten und Abstinenzerscheinungen führt. Wenn befragte Fixer dennoch über etliche Fälle aggressiver Beschaffung in ihrer Phase des Halluzinogenmißbrauchs berichteten, so setzen sich hier mittelunabhängige Bedingungen durch. Kriminelle Beschaffung ist auch in der Phase des Halluzinogenmißbrauchs bei solchen Personen zu erwarten, die kriminalitätserfahren sind, deren anhaltender, kostspieliger Mißbrauch nicht finanziert werden kann und sich in der zur Kriminalität verleitenden Drogen-Szene abspielt.

Thesen zum Zusammenhang von Rauschmittelmißbrauch und Aggressionskriminalität

1. Aggressionskriminalität Rauschmittelabhängiger ist in Kriminalstatistiken unterrepräsentiert — vor allem wegen der Täter-Opfer-Beziehung.
2. Das große Ausmaß der Beschaffungskriminalität erweckt den Anschein, die Kriminalität Rauschmittelabhängiger sei utilitaristisch ausgerichtet; doch umfassen viele Formen der Beschaffungs- und sonstigen Kriminalität Elemente der Aggression.
3. Bei keinem Rauschmittel führt per se der Mißbrauch zu Aggressionskriminalität; aber der Mißbrauch der meisten Mittel kann latente Aggressionsbereitschaft in bestimmten Stadien und Situationen aktualisieren. Dieses »Aggressionspotential« ist bei verschiedenen Drogen unterschiedlich stark, bei Amphetaminen und Alkohol am stärksten.
4. Extremen Rauschmittelmißbrauch treiben häufig junge Menschen, die prädisponiert für und erfahren in Aggressionskriminalität sind.

Ihre Aggressionskriminalität wird in der Rauschmittelkarriere kaum geringer, paßt sich dem neuen Milieu aber in den Formen an.

5. Die Integration junger Rauschmittelabhängiger in die Drogen-Subkultur, die Verschmelzung dieser mit anderen kriminogenen Subkulturen und die allgemeine Demoralisierung in diesem Milieu zeigen die Tendenz steigender Aggressionskriminalität.

Besondere Erscheinungsformen der Aggressionskriminalität

Die in der Drogen-Szene seit längerem zu beobachtende Zunahme des **Waffenumgangs** dürfte auf folgende Umstände zurückzuführen sein:

- Das Verschmelzen dieser Subkultur mit anderen kriminogenen Subkulturen, in denen Waffenumgang üblich ist; insoweit ist der Trend zum Waffenumgang in der Drogen-Szene als Symptom einer schon seit vielen Jahren beobachteten Zunahme des Waffenumgangs in kriminogenen Milieus zu deuten.
- Die allgemeine Kriminalisierung und Verhärtung in der Drogen-Szene, die ihrerseits bedingt ist durch eine individuelle und kollektive Demoralisierung infolge anhaltenden Mißbrauchs.
- Die Verknappung des illegalen Marktes mit der Folge einer teilweisen Eskalation des Einsatzes aggressiver Mittel der Beschaffung und des Ausuferns von Fälschungen und Betrügereien.
- Die situativen Besonderheiten im Laufe des Rauschmittelmißbrauchs der meisten Abhängigen — Verfolgungswahn, tatsächliche Verfolgung, Entzugszustände.

Angaben befragter Fixer über Motive ihres Waffenumgangs sind mitunter bagatellisierend und verdrängend. So wurde erklärt, man benötige eine Waffe, weil andere auch Waffen hätten, man trage sie nur »aus Jux«, »zur Beruhigung« oder »für alle Fälle«, man werde sie nie einsetzen, höchstens im Entzug oder im Verfolgungswahn. Jeder zweite räumte ein, Waffen gelegentlich als Drohmittel eingesetzt zu haben. Verhältnismäßig wenige Begebenheiten aus eigener Erfahrung wurden berichtet, bei denen mit Stich- oder Schußwaffen jemand verletzt worden sei. Die Art der Waffen variiert stark; Mädchen sprechen von feststehenden Messern, Tränengasflaschen, Schreckschußpistolen und ähnlichem, Jungen mehr von Schußwaffen. Bei größeren Aktionen wurden sogar Maschinengewehre eingesetzt. Schußwaffenbesitz wird vor allem von Rauschmittelabhängigen angegeben, die stark in »Link-Aktionen« verwickelt sind; dazu äußerte ein Befragter: »Wer auf sich hält, hat eine korrekte Waffe«.

Viele Formen aggressiver Kriminalität im Zusammenhang mit Rauschmittelmißbrauch haben naturgemäß die Beschaffung von Stoff und Geld zum Gegenstand. **Aggressive Beschaffungskriminalität** richtet sich zum geringeren gegen szene-unabhängige, zumeist gegen szene-zugehörige Personen. Nur im ersten Fall besteht eine größere Chance polizeilicher Entdeckung. Seltener als beispielsweise in den USA scheint hierzulande nach Angaben Befragter von Rauschmittelabhängigen der übliche Straßenraub gegenüber Passanten oder der Raub aus Läden begangen zu werden.

Fast ausnahmslos im Dunkelfeld des polizeilich Unentdeckten verbleiben die zahlreichen **Einbrüche, Raube und Erpressungen Szene-Zugehöriger untereinander**. Aktionen können dabei Kettenreaktionen mit sich steigerndem Einsatz gewaltsamer Mittel auslösen. Es geht um den Rückerwerb der Ware, des Geldes und um Vergeltungsmaßnahmen. Bezeichnend dafür sind Aussprüche Befragter: »Wenn mich jemand linkte, war es geradezu sportlich, ihn wieder zu linken.« — »Wenn sie einen linken wollen, linkt man sie lieber vorher selbst.« Derartige Aktionen werden überwiegend in Cliquen ausgeführt. Opfer kann jeder sein, der sich an Treffpunkten der Szene aufhält und an Drogengeschäften teilhat. Tatorte können sein: Toiletten in Rauschmittellokalen — hier wird ohnehin oft illegaler Handel abgewickelt —, Autos, in denen man Geschäfte abzuwickeln oder zum Übergabeort der Ware zu fahren vorgibt, Privatwohnungen, die eigens zum illegalen Handel bzw. zur Durchführung größerer »Link-Aktionen« angemietet sind. In Extremsituationen akuten Entzugs »linkt« ein Fixer seinen nächsten Bekannten. Ein Befragter gab an, sogar vor seinem Bruder immer Angst gehabt zu haben, wenn sich dieser in Beschaffungsnot befand. Opfer geplanter Aktionen sind vorzugsweise unerfahrene, in der betreffenden Szene fremde Personen und Konkurrenten. Auch wird berichtet, hier stationierte farbige Soldaten und andere Ausländer seien häufig Täter oder Opfer gewaltsamen »Linkens«. Auswärtige und ausländische Opfer sind noch weniger als andere anzeigebereit, da sie in der Regel weder festen Wohnsitz noch Arbeitsplatz nachweisen können oder Komplikationen aus einem Kontakt mit der Polizei befürchten. In ihrer strafrechtlichen Qualifikation reichen solche »Linken« von Grundformen des Diebstahls und Betrugs bis zu schweren Formen des Raubes und der Erpressung.

In der Drogen-Szene sind wechselseitige **Nötigungen und Bedrohungen** als Mittel, Augenblicksbegehren durchzusetzen, an der Tagesordnung. Man bedient sich der Bedrohung um des Zieles, keineswegs nur um der Stoffbeschaffung willen. Eines der Drohmittel ist die Selbstschädigung. Man droht dem Gegenüber für den Fall einer Weigerung an, sich eine Überdosis, einen »heißen Schuß«, »die letzte Fixe« zu setzen, bei begonnener Entzugsbehandlung »einen Rückfall zu machen« usw. Man steigert sich vom Flehen, Betteln bis zur ernsthaften Androhung. Der Bedrohte kann der Intimpartner, Bruder, Freund, aber auch der Amtsarzt, Sozialarbeiter, Bewährungshelfer sein. Dabei mag es darum gehen, eine Aussage, Krankenhauseinweisung oder Verhaftung zu unterlassen, beim Injizieren zu helfen, selbst wieder Rauschmittel zu mißbrauchen, einen nicht zu verlassen usw. In engen Gemeinschaften von Fixern, z. B. unter Intimpartnern, setzt sich auf diese Weise der jeweils charakterlich Schwächere durch. Andere Mittel der Drohung richten sich gegen den Bedrohten selbst. Am wirksamsten ist die Androhung einer Aussage bei der Polizei. Befragte erwähnten außerdem aus ihrem Erfahrungsbereich häufiger Drohungen, die sich gegen Leib und Leben sowie gegen Sachwerte richteten.

Auch wurde über eine Vielzahl von **Vergeltungsmaßnahmen**, die im Bekanntenkreis durchgeführt worden seien, berichtet. Allerdings scheinen solche drastischen Racheaktionen insgesamt selten zu sein, verglichen mit der Häufigkeit von Androhungen und Anlässen. Zahlreiche Vorfälle wurden genannt, bei denen jemand durch Schläger mißhandelt worden sei. Für solche »Sanktionen« schien es in manchen Cliquen zeitweilig feste Preise zu geben. Erwähnt wurden ferner Lokal- und Wohnungsdemolierungen, »Lokal-« und »Stadtverbote«, »Strecken« zwischen Kraftwagen, Messerstiche und Schüsse in das Bein, Gefährdungen des Fahrers durch Manipulationen am Auto, Abstoßen auf Bahngeleise vor der Einfahrt einer U-Bahn usw. Mehrere Morde wurden vermutet; immerhin dürfte es wahrscheinlich sein, daß jemand zum Mittel der Tötung mit Hilfe tödlicher Rauschmittel und Dosierungen greift, da solche Taten kaum von Selbstmorden zu unterscheiden sind und absichtliche oder versehentliche Überdosierungen ohnehin öfter vorkommen. Einige Befragte schilderten Vorfälle der Geiselnahme und Entführung als Rache-, Druck- und Erpressungsmittel zwischen Fixer- bzw. Dealer-Cliquen. Auch hierbei setzt man darauf, daß sich Opfer und Rivalen vor Anzeigen scheuen, im Ernstfall ebenfalls keine glaubwürdigen, standfesten Zeugen seien.

Angesichts der Vielzahl von Polizeiauffälligkeiten Rauschmittelabhängiger, permanenter Verfolgung und Verfolgungsängste, Wahnzustände und der allgemeinen Demoralisierung liegt es auf der Hand, daß viele versuchen, sich der Festnahme zu entziehen und **Widerstand** zu leisten. Allerdings scheinen in späten Phasen der Abhängigkeit Gleichgültigkeit und Antriebsarmut solchen Widerstand zu mindern. Der jeweilige Intoxikationszustand wird Art und Weise des Widerstands wesentlich beeinflussen. Abgesehen von harmloseren Formen des Widerstands wurden einige wenige schwerere Begebenheiten erwähnt; dazu gehörten der Versuch, einen Polizeibeamten anläßlich einer Kontrolle zu überfahren, sowie mehrere Fälle, in denen bei Einbrüchen entdeckte Fixer auf Entdecker geschossen hatten.

Manche Aggressionstaten stehen im unmittelbaren Zusammenhang mit einer akuten Intoxikation. Sie geschehen im Rausch bzw. im rauschbedingten Wahn. Solche jähen, **sinnlosen Aggressionsausbrüche** können auch unabhängig von Entzugserscheinungen und Beschaffungsschwierigkeiten auftreten. Die meisten geschilderten Begebenheiten unter Rauschmitteleinfluß waren jedoch den Handelnden nicht wesensfremd, viele nicht einmal situationsfremd. Doch dürften Intoxikationen mit ihrer enthemmenden Wirkung Aggressionen ausgelöst haben. Einige Vorfälle waren wohl als überwiegend oder ausschließlich rauschbedingt anzusehen. Die Mehrzahl solcher Fälle wurde auf die Wirkung von LSD oder anderen Halluzinogenen zurückgeführt. Bezeichnenderweise äußerte jemand, »auf einem Trip können unheimlich aggressive Sachen rauskommen«. Weitere Beispiele sind: Man habe mit einem Gewehr auf andere Cliquenmitglieder gezielt, in ein Ladenfenster geschossen, mit einer Pistole versehentlich die Freundin angeschossen, seine Mutter mit einem Messer angegriffen, den Erzieher im Heim mit einem Messer angefallen, um ihn totzustechen, einen Automaten eingeschlagen, das Mobiliar im Krankenzimmer zerstört, Fußbälle zerschnitten, das Schaufenster eines Musikladens eingeschlagen, um sich hineinzusetzen und Flöte zu spielen, im Verfolgungswahn Türen und Fenster einer Wohnung zugenagelt und die Einrichtung zerstört.

Wenn schon der größte Teil junger Rauschmittelabhängiger stark zu kriminellen Verhaltensweisen neigt, könnte man vermuten, daß auch **Sexualdelinquenz** des öfteren vorkommt. Hierfür spräche der enge Zusammenhang zwischen Rauschmittelmißbrauch und Delinquenz, ferner die Erkenntnis, daß Konsumenten im Vergleich mit Nichtkonsumenten wesentlich früher und im jugendlichen Alter häufiger sexuellen Umgang haben sowie den Sexualpartner öfter wechseln, wie die Repräsentativerhebungen ergeben haben. Als weitere sexualdelinquenz-begünstigende Faktoren könnten die allgemein enthemmenden und demoralisierenden Wirkungen des Mißbrauchs und des Umgangs in der Drogen-Szene angesehen werden, möglicherweise auch der Umstand, daß bestimmte Mittel bei bestimmten Personen gelegentlich sexuelles Verlangen stimulieren und besondere Hemmnisse abzubauen vermögen. Dennoch dürften die Befunde mancher — auch der eigenen — Untersuchungen eher eine gegenteilige Annahme rechtfertigen: Zumindest bei extremen Mißbrauchern scheint Sexualdelinquenz — zumal in ihren aggressiven Formen — seltener vorzukommen. Übereinstimmend wird berichtet, daß sexuelles Verlangen und sexuelle Potenz im Laufe der Rauschmittelkarriere merklich nachlassen und — zumindest in der Phase des Fixens — zeitweilig gänzlich verlorengehen. Lediglich zwei erhebliche Begebenheiten wurden von Befragten genannt. Es handelte sich um Gruppennotzuchtsfälle, bei denen Täter und Opfer unter dem Einfluß kombinierter Rauschmittel — Alkohol, Halluzinogene — standen; bezeichnenderweise waren es Täter, denen Notzucht nichts ganz Ungewöhnliches war. Im übrigen wurde von einer Reihe sexualdelinquenter Verhaltensweisen berichtet, die allenfalls Minderformen sexueller Aggression zuzurechnen wären. Insbesondere handelte es sich um exhibitionistisches Verhalten. Die Begebenheiten wurden ausnahmslos mit vorangegangener Einnahme von Haschisch und LSD in Verbindung gebracht. Beispiele solcher und ähnlicher Vorfälle, die vom bloßen Entkleiden und Onanieren in der Öffentlichkeit bis hin zu Tätlichkeiten gegenüber Frauen reichen, enthalten die meisten Kriminalamtsberichte der letzten Jahre, wenngleich dabei noch ungeklärt ist, ob es sich bei dem angegebenen Zusammenhang mit Halluzinogenen mitunter um Schutzbehauptungen handelt. Solche Einzelfälle berechtigen bislang nicht, einen engeren Zusammenhang zwischen dem Mißbrauch bestimmter Rauschmittel und sexualdelinquentem Verhalten anzunehmen.

XI. Kapitel

Rauschmittelmißbrauch in Haftanstalten und Kliniken

Vorbemerkung

Vielfältig sind die offenen, halboffenen und geschlossenen Einrichtungen, in denen Rauschmittelabhängige gezwungenermaßen bzw. mehr oder minder freiwillig aufgenommen werden. In jeder Einrichtung stellt sich in irgendeiner Weise das Problem, daß sie versuchen, ihren Mißbrauch gelegentlich oder dauerhaft fortzusetzen. Sie werden nach je geeigneten Formen des Konsums und der Stoffbeschaffung oder nach Ersatzformen suchen. Vorweg lassen sich einige allgemeine Aussagen über illegalen Rauschmittelumgang von Abhängigen in solchen Einrichtungen machen:

1. Je stärker der Abhängige die Einrichtung als aufgezwungen — »repressiv« — empfindet und je stärker seine physisch-psychische Rauschmittelabhängigkeit bei dem Eintritt ist, um so stärker wird er nach einer Fortsetzung des Mißbrauchs mit anderen Mitteln trachten. In jeder Art von Haftanstalt sowie in geschlossenen psychiatrischen Anstalten dürfte der Drang zur Fortsetzung am größten sein.
2. Je besser der Rauschmittelzugang in den Einrichtungen ist, um so eher wird der Abhängige der Versuchung erliegen. Die Verfügbarkeit ist in geschlossenen Einrichtungen mit stärkeren Kontrollen naturgemäß geringer als in offenen, wie beispielsweise in Kliniken, therapeutischen Wohngemeinschaften und einigen Fürsorgeheimen.
3. Wo keine Therapie stattfindet oder wo sie zu undiszipliniert durchgeführt wird, ist der Weg zur Fortsetzung des Mißbrauchs bzw. zum Rückfall in den Mißbrauch am wahrscheinlichsten; der gegenseitig negativen Beeinflussung sind keine Grenzen gesetzt; die Rückfallsituation wird nicht therapeutisch aufgefangen und verarbeitet; es tritt keine Motivationsänderung ein. Dies ist weitgehend in Haftanstalten, geschlossenen psychiatrischen Anstalten, aber auch in einigen Selbsthilfegruppen der Fall.
4. Nahezu sämtliche Verstöße gegen Betäubungsmittelstrafgesetze in solchen Einrichtungen verbleiben im Dunkelfeld des polizeilich nicht Entdeckten und Aufgeklärten; dies liegt einmal an der besonderen

Täter-Opfer-Situation, zum anderen daran, daß Mitarbeiter kaum je Anzeige erstatten über Anstaltsinternes und daß Polizei in Anstalten nicht präsent ist und Ermittlungen dort im allgemeinen lediglich auf ausdrückliche staatsanwaltschaftliche Weisung durchführt.

Zur Einweisungspraxis

Die wichtigsten Einrichtungen, in denen Rauschmittelabhängige vom Erscheinungsbild des Fixers aufgenommen werden, sind zumindest quantitativ Haftanstalten und Kliniken. Von den befragten Fixern waren insgesamt drei Viertel bereits in irgendeiner Haft, fast ebensoviele schon ein- bis zweimal in Untersuchungshaft, etwa jeder zweite in Strafhaft. Mädchen waren seltener als Jungen in Untersuchungs- oder Strafhaft. Anders verhält es sich mit stationären Klinikaufenthalten. Etwa drei Viertel der Fixer hielten sich durchschnittlich dreimal in Kliniken auf, und zwar wegen Krankheiten, die im Zusammenhang mit ihrem Mittelmißbrauch standen, einschließlich der Entziehungsbehandlungen. Dazu gehörten alle weiblichen, jedoch nur etwa zwei Drittel der männlichen Fixer. Vor irgendeiner Inhaftierung waren Mädchen verhältnismäßig dreimal so oft wie Jungen in Kliniken.
Hinter diesen exemplarischen, nicht repräsentativen Befunden dürfen folgende Gründe und **gerichtliche Entscheidungsdeterminanten** vermutet werden:
Weibliche Rauschmittelabhängige haben eine stärkere Krankheitseinsicht als männliche; sie sind eher bereit, Ärzte und Kliniken aufzusuchen. Ihnen wird dazu aber auch im Rahmen laufender Strafverfahren öfter die Möglichkeit gegeben. Dabei dürften für Gerichte neben der größeren Behandlungsbereitschaft von Mädchen und der ohnehin geringeren Neigung, Mädchen zu inhaftieren, die geringere Kriminalität weiblicher Rauschmittelabhängiger sowie die in Frauenhaftanstalten — besonders in Anstalten für jugendliche Strafgefangene — noch ungünstigeren Verhältnisse und Behandlungsmöglichkeiten eine Rolle spielen. Gerichte neigen dazu, Rauschmittelabhängigen vor einer Inhaftierung oder zumindest nach einer Untersuchungshaft die Chance einer klinischen Behandlung zu eröffnen. Erst bei wiederholtem Versagen werden in der Regel Strafverbüßungen angeordnet.
Es fällt auf, daß offenbar bei Rauschmittelabhängigen im Vergleich zu anderen Straftätern überhaupt häufiger **Untersuchungshaft** angeordnet wird. Daß hierbei nicht nur Art und Schwere der den Betroffenen zur Last gelegten Straftaten ausschlaggebend sind, zeigt die verhältnismäßig geringe Zahl und Höhe verhängter und verbüßter Strafen. Bedeutsam mag dabei auch sein, daß Rauschmittelabhängige oftmals nicht zu gerichtlichen Terminen erscheinen, daß sie selten einen festen Wohnsitz haben — »drop-out«-Phänomen —, daß sie offene Kliniken gegen den Willen der Ärzte vorzeitig verlassen. Man verspricht sich von der

Untersuchungshaft bei Rauschmittelabhängigen mehr als bei anderen Straftatverdächtigen. Den Untersuchungshaftanstalten wird mangels gesicherter Kliniken besondere Bedeutung im Rahmen einer für nötig erachteten **Zwangsentziehungsbehandlung** beigemessen. Ist aber eine gewisse Zeit erwarteter zwangsweiser Mittelabstinenz verstrichen, wird man geneigt sein, nunmehr das Risiko ambulanter oder klinischer Weiterbetreuung im Rahmen von Auflagen, Bewährungsstrafen oder Reststrafaussetzungen einzugehen. Die Untersuchungshaftanstalt — und vornehmlich die entsprechende Krankenabteilung — nimmt daher die Aufgabe eines **Lückenbüßers** für fehlende, überlastete oder nicht erwartungsgemäß wirkende geschlossene Krankenanstalten ein. Hierbei wirkt sich besonders aus, daß moderne Bauten der Psychiatrie weitgehend auf geschlossene Stationen verzichten. Die Haft soll mitunter neben der Verfahrenssicherung die Allgemeinheit vor dem Rauschmittelabhängigen sowie diesen vor sich selbst schützen — eine Funktion, die von einem Arzt in einer Haftanstalt als »biologische Schutzhaft« apostrophiert wurde. Sosehr also das hinter dieser Praxis zu vermutende Anliegen zu begrüßen ist — nämlich, dem Rauschmittelabhängigen die Chance der Therapie im strafverfahrensrechtlichen Rahmen zu gewähren und diese durch eine zwangsweise Entgiftungsphase einzuleiten —, so sehr stößt das Verfahren auf strafverfahrensrechtliche Bedenken: Es bedeutet eine unzulässige Ausweitung der gesetzlich abschließend geregelten Haftgründe und überdies eine Vorwegnahme bzw. Ersetzung kurzer Freiheits- bzw. Jugendstrafen durch Untersuchungshaft.

Insgesamt ergibt sich, daß Fixer im allgemeinen in einer früheren Phase ihrer Rauschmittelkarriere bereits in Kliniken, in einer späteren in Haftanstalten anzutreffen sind. In Kliniken ist es ihnen leichter möglich, ihren Mißbrauch fortzusetzen. In Haftanstalten ist dies schwieriger; das Verlangen zum Fortsetzen dürfte andererseits dort eher größer sein. Von Aufenthalten in Haftanstalten wird ein zwangsweiser Entzug erwartet, da ja bekanntermaßen eine stationäre Entgiftung notwendige Voraussetzung späterer langwieriger Entwöhnungstherapie ist. Nunmehr ist zu prüfen, wieweit solche Erwartungen zutreffen. Die eigenen, exemplarischen Untersuchungen hierzu lassen lediglich einige Vermutungen zu:

Sowohl in Kliniken als auch in Haftanstalten findet Rauschmittelmißbrauch Abhängiger statt. Dieser Mißbrauch ist quantitativ wegen der geringeren Verfügbarkeit und stärkeren Kontrolle der Drogen selbstverständlich weniger ausgeprägt als außerhalb der Einrichtungen. Außerdem ist er in Zeiten der Inhaftierung überwiegend geringer als bei Klinikaufenthalten, in einigen Untersuchungshaftanstalten wiederum geringer als in anderen und in Strafanstalten. Die von manchen Praktikern sozialer Kontrollinstanzen gehegten Erwartungen, in Haftanstalten oder gar Kliniken gelinge es kaum jemand, Rauschmittel zu mißbrauchen, erweisen sich als unzutreffend. So wurde anläßlich eines

Strafverfahrens gegen einen Gefangenen wegen verbotenen Besitzes von Haschisch und LSD bekannt, daß in einer großen Strafvollzugsanstalt für männliche Gefangene Häftlinge »Zellenparties«, »Alkoholfeten«, »Haschischparties« feiern, einen regen Handel mit Rauschmitteln und Alkoholika zu Festpreisen treiben und dabei keine ernsthaften Gegenmaßnahmen der Anstaltsleitung befürchten müssen.
Mädchen setzen den Mißbrauch in beiderlei Einrichtungen seltener als Jungen fort. Wenn sie es in Haftanstalten besonders wenig tun, mag dies mit ihrer größeren Behandlungsbereitschaft, mit geringerer Bereitschaft zu strafbarem Verhalten und entsprechenden Beschaffungsformen in Haftanstalten, aber auch mit Besonderheiten des Haftvollzugs für Frauen zusammenhängen. Wegen der größeren Verfügbarkeit bzw. leichteren Beschaffbarkeit in Kliniken geben Mädchen dort häufiger, jedoch wiederum seltener als Jungen Rauschmittelmißbrauch an. Dieser Unterschied des Geschlechterverhaltens könnte ein weiteres Indiz dafür sein, daß rauschmittelspezifische Wirkungen und Zwänge der Abhängigkeit nicht allein ausschlaggebend sind für den Rauschmittelmißbrauch und die Rückfälligkeit in solchen Einrichtungen, sondern daß vielmehr auch Persönlichkeits- und Sozialbedingungen mit zu berücksichtigen sind.

Gruppierungen von Rauschmittelkonsumenten in Haftanstalten

Drei Gruppen machen die Population potentieller Rauschmittelkonsumenten in Haftanstalten aus: Dazu gehören vor allem diejenigen Gefangenen, die wegen Straftaten im Zusammenhang mit Rauschmitteln in Untersuchungs- oder Strafhaft gekommen sind. Sie sind bekannt und scheinen entsprechend den sich mehr und mehr durchsetzenden richterlichen Entscheidungsdeterminanten jedenfalls in der Strafhaft im allgemeinen eine negative Auslese der Rauschmittelmißbraucher darzustellen. Unübersichtlich ist die zweite Gruppe derer, die zwar vor der Inhaftierung Rauschmittelmißbrauch getrieben haben, jedoch wegen anderer Delikte inhaftiert sind. Bei den meisten extremen Konsumenten — vor allem Fixern — dürfte dem Gericht der Mißbrauch bekannt und für die Entscheidung bedeutsam sein. Im Vorfeld so extremen und nach außen offenbaren Mißbrauchs ist indes eine größere Gruppe von Konsumenten zu vermuten, deren Rauschmittelumgang bei der Inhaftierung unbekannt oder mindestens unbeachtet geblieben ist. Diese Gruppe kann dort Schwierigkeiten bereiten, wo man bemüht ist, Mißbraucher von anderen Gefangenen zu trennen. Eine dritte, aber weit schwerer erkennbare Gruppe bilden die Inhaftierten, welche erst im Laufe der Haftzeit durch den Einfluß Mitgefangener Rauschmittelmißbraucher geworden sind.
Entscheidend für den Rauschmittelumgang dieser Gruppen innerhalb der Haftanstalten ist, wieweit sie von anderen Gefangenen getrennt

werden, ob ihr Verhalten kontrollierbar ist und ob Therapiemöglichkeiten bestehen.

Die Unterbringung Rauschmittelabhängiger in Haftanstalten ist unterschiedlich. Formal sind folgende Arten zu unterscheiden:

Mitunter werden Abhängige — je nach Grad, Folgen und akuten Auswirkungen ihres Mißbrauchs — Zentralkrankenhäusern der Haftanstalten zugewiesen. Fixer scheinen in manchen Ländern der Bundesrepublik überwiegend für längere Zeit oder sogar während der gesamten Haftzeit in Krankenabteilungen untergebracht zu werden. In anderen Ländern beschränkt man den Aufenthalt im Zentralkrankenhaus offensichtlich auf die für die körperliche Entgiftung oder Heilung ansteckender Krankheiten notwendige Mindestzeit. Die verordnete Abgabe von Drogen an so Behandelte scheint unterschiedlich gehandhabt zu werden. In jedem Fall ist hier aber eine Kontrolle des Umgangs mit Rauschmitteln — auch eine Abgabe an andere — am ehesten gewährleistet. In manchen Haftanstalten — insbesondere offeneren Jugendstrafanstalten mit verhältnismäßig wenigen bekannten Rauschmittelabhängigen — versucht man, diese Gefangenen in die übrige Anstaltspopulation voll zu **integrieren**. Sicherlich wird dadurch der Gefahr einer Gettoisierung Rauschmittelabhängiger und einer subkulturellen Verfestigung dieser Gefangenengruppe entgegenzuwirken versucht. Doch wird dieser Weg nur angezeigt sein bei den wenigen Rauschmittelabhängigen, deren Ansteckungsrisiko einigermaßen eingrenzbar erscheint und die in ihrem Arbeits- und Sozialverhalten eine Integration ermöglichen. Eine Alternative zur Integration ist die **Isolierung** der Gruppe rauschmittelabhängiger Gefangener innerhalb der Haftanstalt. Sie kann aber im allgemeinen wegen fehlender baulicher und personeller Voraussetzungen nicht vollkommen sein. Sie birgt die bezeichnete Gefahr der Gettoisierung und bedeutet vor allem eine Gefahr der Überbeanspruchung des Anstaltspersonals und der Beeinträchtigung von Bestrebungen, den Strafvollzug aufzulockern und sinnvoller zu gestalten. Diese Gruppe von anderen Gefangenen abzuschirmen und möglichen Stoffnachschub zu kontrollieren, erfordert enormen Aufwand, eine Beschränkung des Verkehrs mit der Außenwelt sowie der Arbeits- und Freizeitgestaltung aller Gefangenen innerhalb der Anstalt. Dennoch scheint man diesen Weg zu bevorzugen. Eine andere Alternative ist bislang noch nicht verwirklicht worden, obwohl sie angemessener wäre: die Einrichtung besonderer Haftanstalten für rauschmittelabhängige Gefangene — eventuell im Länderverbund — mit entsprechenden Therapiemöglichkeiten und einer Abschließung nach außen.

Die häufigste Form — eine **Zusammenfassung** der Abhängigen zu einer **Gruppe in der Anstalt** — dürfte in aller Regel eher zum Gegenteil dessen führen, was man vom Haftvollzug erwartet. Eine intensive Therapie scheitert meist bereits am Personalmangel und daran, daß eine therapeutische Atmosphäre in dieser Situation nicht bestehen kann. Daran ändern gelegentliche Versuche gruppentherapeutischer Arbeit mit inhaftierten Rauschmittelabhängigen wenig. Für die Behandlungsbedürfnisse dieser Gruppe ist eine minimale Erhöhung des Fachpersonals unzureichend, bei den übrigen Gefangenen aber muß schon diese Sonderstellung der Rauschmittelabhängigen Verärgerung hervorrufen. Eine von Richtern erwartete »Entziehung des Milieus als Verstärker des Fehlverhaltens« und eine »zwangsläufige Entgiftung« können in dieser Situation gar nicht erreicht werden. Vielmehr ist eher eine gegenläufige Entwicklung zu beobachten.

Subkultur der Fixer

Szene-integrierte Rauschmittelabhängige — insbesondere Fixer — scheinen geradezu prädestiniert zu sein für das Entstehen einer anstaltsinternen Subkultur. Zwar könnte man bezweifeln, ob es in deutschen Gefängnissen echte Subkulturen der Inhaftierten oder einzelner Gruppen Inhaftierter gibt. Von Gefangenensubkulturen spricht man dort, wo sich beispielsweise in der »totalen Institution« des Gefängnisses besondere Inhaftiertenrollen und Verhaltensnormen, eine hierarchische Ordnung von Machtausübung und Unterwerfung mit rigiden informellen Sanktionen — »Hackordnungen« —, Sprachcodes, ein illegaler Markt mit Tauschhandel und Wucherzinsen, ein System mitunter krimineller Formen der Anpassung innerhalb der Teilordnungen von Beamten und Gefangenen sowie zwischen ihnen entwikkeln. Vieles von dem, was als wesenhaft subkulturelles Verhalten in Gefängnissen gilt, mag sich als nur vorübergehendes Reaktionsverhalten erklären, welches lediglich unter den speziellen Haftbedingungen in der erzwungenen Auseinandersetzung mit dem Stab und den Mitgefangenen zeigt und mit der Beseitigung dieser Bedingungen entfällt.

Selbst wenn man eine gewisse Stabilität anstaltsinterner Gruppierungen als zusätzliches Merkmal der Subkultur voraussetzt, fällt es nicht schwer, in der Gruppe von Fixern einiger Haftanstalten die Tendenz zur subkulturellen Verfestigung zu entdecken. Fixer scheinen wesentliche Züge ihres subkulturellen Lebens außerhalb der Anstalt in die Haft zu übertragen und die Subkultur einer Drogen-Szene auf engem Raum zu praktizieren. Hierfür zeugen einige Beobachtungen.

Wichtig ist schon der Umstand, daß sich fast alle szene-integrierten Fixer untereinander kennen und ein gutes Kommunikationssystem haben. Dies setzt sich innerhalb der Anstalt fort. Einigen gelingt es, ihre kriminellen Aktivitäten draußen durch Mittelsleute fortzusetzen, ihre »Geschäftspartner« zu dirigieren, sogar neue Verbindungen während des Haftvollzugs anzuknüpfen. Der Szene-Jargon wird in der Anstalt beibehalten; er färbt auf andere ab und verbindet sich mit dem »Knast-Jargon«. Kriminelle Verhaltensmuster werden den Anstaltsbedingungen soweit wie möglich angepaßt. Wer bedeutsamere Muster noch nicht kennt, erlernt sie hier derart, daß er sie nach der Entlassung bisweilen perfekt beherrscht und sogleich anwendet. Gegenstand aller Gespräche und der Gedankenwelt ist dasselbe Thema Rauschmittel wie im Szene-Leben. Die Einstellungen verändern sich nicht wesentlich, verfestigen sich eher. Beispielhaft läßt sich dies belegen an der ablehnenden Haltung gegenüber Arbeit und an der latenten, verbal immer wieder geäußerten und im Zusammenhang mit Haftsituationen des öfteren in Handlungen umgesetzten Selbstmordbereitschaft.

Da diese Drogen-Milieu-Bindungen in der Haft nicht abgebaut, sondern eher noch verstärkt werden, bleibt es nicht aus, daß inhaftierte Fixer jede Gelegenheit nutzen, Rauschmittelmißbrauch in irgendeiner Form fortzusetzen. Dabei ist nicht einmal sosehr bedeutsam, wie oft es ihnen gelingt, während der Haft Rauschmittel zu erhalten. Entscheidend dürfte der Umstand sein, daß es ihnen überhaupt gelingen kann. Dieses Gelingen bedeutet Abhängigen Prestigegewinn und erfüllt sie mit Stolz. Es zeigt sich u. a. darin, daß sie den Umfang ihres Mißbrauchs in der Anstalt manchmal verbal übertreiben. So berichtete jemand, man habe in der Fixer-Clique im Strafvollzug »gedrückt wie Weltmeister«; sein gesamtes Fixen bezifferte er indes auf zehn Injektionen während fünf Monaten. Das Weniger an tatsächlichem Mißbrauch im Vergleich zum Leben draußen wird durch ein Mehr an Einstimmung, Wunschdenken und Erwartung wettgemacht; der sich mindernden physischen Abhängigkeit dürfte eine sich vertiefende psychosoziale Abhängigkeit entsprechen. Man könnte einwenden, daß eine »Pädagogik der Bewahrung«, ein totales Abschneiden von jeder Versuchungssituation weder möglich noch für die Rehabilitation sinnvoll sei, denn nach der Entlassung müsse der Gefangene mit viel größeren Versuchungen fertig werden. Manche Therapieeinrichtungen bauen sogar gezielt Versuchungssituationen in die Therapie ein, um Widerstandskraft zu wecken und zu erproben. Hier jedoch handelt es sich um Dauerversuchungen ohne therapeutische Sinngebung. Sie können nur negativ wirken. In der Haftsituation bedeutet gelegentliche Verfügbarkeit von Rauschmitteln zusätzliche Bindung an die Stoffe und das Rauschmittelmilieu, Aktualisierung der Wunschträume.

Der Rauschmittelmißbrauch in der Haftanstalt ist unter einem weiteren für das Anstaltsleben bedeutsamen Aspekt zu sehen. Aus Besonderheiten der Haftsituation — vornehmlich in Jugendanstalten —, etwa der Neigung zur Cliquenbildung und dem Wunsch, Abwechslung in dem als monoton empfundenen Anstaltsalltag zu finden, folgt oftmals die Suche nach ungewöhnlichen Symbolen des Zusammenhalts, Riten und Verhaltensweisen. Beispielhaft seien ganz allgemein genannt: das Grassieren von Tätowierungen — ursprünglich von Rockergruppen herrührend, dann auf andere Gruppen junger Inhaftierter sich ausweitend —, der »Irokesenhaarschnitt«, das »Schlucken« (Einnehmen von metallenen Gegenständen, um einen Aufenthalt in Krankenabteilungen zu erzwingen). Im besonderen muß daran erinnert werden, daß es bereits lange vor der gegenwärtigen Rauschmittelwelle grassierende Formen von Drogenmißbrauch in Haftanstalten gab, die — immer wieder abgewandelt — zu neuer Aktualität gelangen können. So war vor Jahren das Rauchen von Phenacetintabletten, mit Tabak vermischt, beliebt; ebenso ist es vielerorts das »Schnüffeln« (Inhalieren von Lösungsmitteln).

In diesem Zusammenhang kommt dem Rauschmittelmißbrauch von Fixern in Haftanstalten heute besondere Bedeutung zu. Rausch und Einnahmeritus haben in der Haftsituation als Statussymbol, Mittel der Abwechselung und Integration einen noch höheren Rang als außerhalb der Anstalt.

Sind bereits in der allgemeinen Drogen-Szene die Tendenz zur Verschmelzung mit anderen kriminellen Subkulturen und die Expansion durch Anpassungsdruck, Imitationsanreiz und Verführung zu beobachten, so findet man all dies auch in der Haftsituation. Zwar nehmen Fixer in der Haftpopulation in mancher Beziehung einen Sonderstatus ein: Sie unterscheiden sich z. B. durch etwas höhere Intelligenz und verhältnismäßig größere musische und politische Interessen von anderen Gefangenen. Überdies gab es zumindest zu Beginn der Inhaftierung Rauschmittelabhängiger fast schroffe Gegensätze und gegenseitige Ablehnung zwischen diesen Gruppen. Inzwischen ist es indes zu mancherlei Berührung und wechselseitigen Einflüssen gekommen. So gelangten vornehmlich über den engen Kontakt in Jugendstrafanstalten ehemalige Rocker zum Rauschmittelmißbrauch; sie wurden vereinzelt sogar noch innerhalb der Haftanstalt zu Fixern. Einigen inhaftierten Fixern gelingt es besonders gut, andere Gefangene »anzufixen«. Übt die Subkultur der Fixer einen starken Sog aus, so läßt sie sich zugleich selbst von anderen Gruppierungen beeinflussen; Fixer erlernen neue kriminelle Verhaltensmuster, z. B. unterschiedliche Raub- und Einbruchstechniken. Manche übernehmen in der Haftzeit homosexuelle Verhaltensweisen.

Letztlich ist als Element subkultureller Verfestigung und Ausstrahlung in Haftanstalten das Einspannen anderer Personen in die Dienste von Fixern zu erwähnen. Es geht um das Verschaffen von Stoffen und Gelegenheiten ungestörten Rauschmittelmißbrauchs, daneben um Geldgeschäfte, das Übermitteln von Nachrichten und um Zeugenaussagen. Dem teilweise erheblichen Druck seitens rauschmittelabhängiger Gefangener, der vom nachhaltigen Pochen auf »Kameradschaft« bis zu regelrechten Erpressungen reicht, scheinen insbesondere Kalfaktoren, Urlauber, Freigänger, Besucher, gelegentlich auch Anstaltsbedienstete ausgesetzt zu sein.

Um an Rauschmittel zu kommen, nutzen Fixer vor allem Urlaubsgelegenheiten; bei Haftantritt oder der Rückkehr schmuggelt man den Stoff in Körper- oder Kleidungsverstecken ein. Der Phantasie sind keine Grenzen gesetzt, das »Filzen« — die Kleidungskontrolle — zu umgehen. Besucher, Verwandte, Freigänger können den Stoff in Geschenkartikeln verbergen. Der gesamte Postverkehr wird zum Einschmuggeln benutzt; selbst in einem als Anwaltsbrief getarnten und damit kontrollfreien Schreiben lassen sich Heroin und LSD unterbringen. LSD zumal kann leicht verborgen werden, weil sich mit ihm z. B. Papier, Stoffe, Obst — für andere unerkennbar — tränken lassen. Tausch, Kauf und Konsum geschehen in der Anstalt in Zellen, bei Hofgängen, in der Bibliothek, in Besucher- und Toilettenräumen. Verstecke in der Anstalt können durch den Küchen- oder den Bibliothekskalfaktor in Geräten und Buchrücken organisiert werden. Der Sanitätskalfaktor kann weitere Stoffe und Injiziergeräte besorgen, wozu sonst hilfsweise auch Tablettenröhrchen, Kugelschreiberminen, Kabelreste und Nadeln benutzt werden. Selbstverständlich werden alle aus der Szene geläufigen Techniken angewandt, von Anstaltsärzten und Mitarbeitern irgendwelche Tabletten für vorgetäuschte Krankheiten zu bekommen. In dem Rauschmittelmangel und der anhaltenden Rauschmittelabhängigkeit, in der bei vielen Fixern anzutreffenden Experimentiersucht und in dem zusätzlich durch das Anstaltsleben angespornten Drang nach Abwechslung liegt es begründet, wenn Fixer innerhalb der Anstalt nach vielen **Ersatzmitteln** und **Ersatzriten** suchen. Beispielsweise besorgt man durch den Küchenkalfaktor Muskatnüsse, die zu Rauschzwecken zubereitet oder geraucht werden. Anstelle von Haschisch nimmt man Seegras aus Matratzen, Tee, gedörrte Bananenschalen. Verbreitet ist das Trinken von Asthma-Zigaretten-Tee. Durch längere Bearbeitungsvorgänge gewinnt man aus Schwarzbrot Alkohol und injiziert ihn; injiziert werden ersatzweise ferner Cola, Pulverkaffee, Hustensaft. Mancherorts grassieren Schnüffel-Rituale, wobei man Lösungsmittel aus Arbeitsbetrieben verwendet. Stärker noch begegnet man diesen Techniken in Heimen.

Rauschmittelmißbrauch in Kliniken

Rauschmittelabhängige können wegen vielfältiger Erkrankungen in unterschiedlichen Klinikabteilungen aufgenommen werden. Nicht bei allen Erkrankungen und auch nicht bei allen Patienten wissen die Therapeuten um den Zusammenhang mit Rauschmittelmißbrauch. Schon deshalb können keine genügenden Vorkehrungen getroffen werden. Rauschmittelabhängige werden zur körperlichen Entgiftung oder psychiatrischen Behandlung aufgenommen, überdies aber wegen organischer, meist ansteckender Krankheiten, etwa Gelbsucht, Geschlechtskrankheiten oder Ekzemen. Daneben spielen als Aufnahmegrund folgenreiche Selbstschädigungen durch Intoxikationen und Autoaggressionen im Rausch oder in der Abstinenz sowie Kreislauferkrankungen, Psychosen, Unfälle, manchmal Entbindungen eine Rolle.

Zeigt die Palette der möglichen klinisch zu behandelnden Erkrankungen bereits die Schwierigkeit der Aufnahme und Therapie Rauschmittelabhängiger in Kliniken, so wird das Problem noch schwieriger, wenn man berücksichtigt, daß vor allem psychiatrische Abteilungen, aber auch Krankenhäuser insgesamt oft überlastet und personell unterbesetzt sind. Schließlich ist zu beachten, daß aufgenommene Abhängige eine ungeheure Belastung für Mitpatienten und Personal bedeuten. Nur wenige Krankenhäuser sind daher auf die Behandlung Rauschmittelabhängiger ausgerichtet oder verfügen über eine eigene geschlossene Abteilung. Um so geringer sind Isolierung und gezielte psychotherapeutische Behandlung Abhängiger in Kliniken. Selbst dort, wo eine Isolierung versucht wird, kann Rauschmittelmißbrauch nicht unterbunden werden, da eine intensive Therapie überwiegend ausbleibt und die Absperrung — zumal in der ersten Phase zwangsweiser körperlicher Entgiftung — den Drang zur Mittelbeschaffung oder zu Ersatzverhaltensweisen erhöht. Die Problematik in geschlossenen Stationen für Süchtige bei zwangsweiser Unterbringung gleicht in allem Wesentlichen derjenigen in Haftanstalten.

Unter diesen Umständen verwundert es nicht, daß in manchen Krankenhäusern eine Art Miniatur-Szene in solchen Abteilungen entstand, in denen vorzugsweise Fixer zusammentrafen. Auf dem Krankenhausgelände hielten sich Dealer auf, um hier Drogen teuer an Patienten zu verkaufen. Die Kommunikation mit der allgemeinen Szene war ausgezeichnet. Vom Krankenhaus aus wurde gedealt, Apothekeneinbrüche und »Linkaktionen« wurden organisiert. Im Krankenhausgelände selbst erkundete man Gelegenheiten für künftige Einbruchsdiebstähle. Innerhalb der Fixer-Clique war derjenige, welcher den Mißbrauch am längsten und intensivsten betrieben hatte und der die geringste Behandlungsmotivation zeigte, tonangebend. Ein Befragter gab an, in der Klinik mit anderen »angefixt« worden zu sein. Während organische Infektionskrankheiten behandelt wurden, vertieften und weiteten sich Sucht, Suchtverhaltensweisen und Szene-Abhängigkeit gleichzeitig aus. Die Gedanken- und Gesprächswelt wird in solcher Situation brennpunktartig auf das Thema Rauschmittel konzentriert. Bei stärkerer Isolierung werden die Kanäle benutzt, die auch Gefangenen in Haftanstalten zur Beschaffung dienen, insbesondere durch Besucher und Urlauber. Gern spannt man Mitpatienten ein, die aus Unwissenheit und Gutmütigkeit eigene verordnete Medikamente an Fixer abgeben; dies fällt gerade bei Patienten in psychiatrischen Abteilungen nicht schwer, da sie mit Drogen oft reichlich versehen werden und leicht zu überlisten sind. Desgleichen werden Mitglieder des Personals auf mannigfaltige Weise hintergangen und in die Mittelbeschaffung eingeschaltet.

Insgesamt gilt auch für die Aufnahme junger Fixer in Krankenhäusern, daß Spezialeinrichtungen und intensive Therapie Voraussetzungen einer positiven Einflußnahme sind. Andernfalls werden therapeutische

Fortschritte in der Symptombehandlung aufgewogen durch Verschlechterung der allgemeinen Suchterscheinungen bei dem Patienten und negative Einflüsse auf seine Umgebung.

Rauschmittelmißbrauch in therapeutischen Wohngemeinschaften

Viele Rauschmittelabhängige werden im Laufe ihrer Rauschmittelkarriere und mannigfacher Behandlungsversuche zeitweilig in therapeutische Wohngemeinschaften aufgenommen. Die Initiative geht seltener von den Abhängigen selbst aus — dies vor allem im Rahmen laufender Strafverfahren zur Abwendung einer zu verbüßenden Freiheitsstrafe oder Anstaltseinweisung —, mitunter von Mitgliedern des therapeutischen Teams solcher Einrichtungen, meist aber von Gerichten, die darin eine Alternative zum sonst einzig möglichen Freiheitsentzug sehen und dem Betreffenden eine Therapiechance im Rahmen der Verfahrensaussetzung oder Strafaussetzung zur Bewährung geben. Es handelt sich dann jeweils um das wichtigste Glied in einer »Therapiekette«.

Therapeutische Wohngemeinschaften sind unterschiedlich konzipiert. Zum Teil sind es spontane Selbsthilfegruppen ehemaliger Abhängiger ohne professionelle und institutionelle Stütze — einige nennen sich »Release« —, zum Teil sind es Einrichtungen, die initiiert und getragen werden von Behörden und Organen der Freien Wohlfahrt, z. B. von Kirchen. Die Konzeptionen reichen von vorübergehenden Hilfen bis zu dauerhaften Lebensgemeinschaften, von unpolitischen Zweckgemeinschaften bis zu ideologisch fixierten Miniatur-Gegengesellschaften.

In jeder Wohngemeinschaft dieser Art stellt sich u. a. das Problem, wie man einer Fortsetzung des Rauschmittelmißbrauchs begegnet. Kein Abhängiger wird in irgendeiner Therapiestätte frei von jedem Rückfall und jeder Versuchung sein. Nur kommt es entscheidend darauf an, wie sich die Wohngemeinschaft, wie sich Therapeuten und Behandelte zu diesem Rückfall stellen, ob der einzelne Rückfall oder die Versuchung therapeutisch verarbeitet werden oder eine Fortsetzung der unterbrochenen Rauschmittelkarriere und ein Übergreifen auf andere Mitglieder einleiten. Die Weichen werden entscheidend von der Therapiekonzeption und von der Erfahrung und Festigkeit des therapeutischen Teams gestellt.

Manche Selbsthilfegruppen beginnen mit zuviel Idealismus, Ungeduld, überspannten Erwartungen, ja Dilettantismus. Mitarbeiter bringen zwar mit, was überkommenen Anstalten oft fehlt, nämlich Enthusiasmus und unmittelbares mitmenschliches Engagement. Gerade dieser Enthusiasmus scheint aber ihrem Vorhaben oft im Wege zu stehen. Einige meinen, ohne den fachlich ausgebildeten Mitarbeiter auskommen zu können. Laien, insbesondere noch nicht drogenfrei lebende ehemalige Fixer, ließen es an Durchhaltekraft, Stetigkeit, Zuverlässigkeit und

Konsequenz fehlen. Schnelle Abnutzungserscheinungen sowie rasche Fluktuation bei Mitgliedern des therapeutischen Fach- und Laienstabes ließen es oft gar nicht erst zu einer intakten Therapiegemeinschaft kommen. Bei anfangs überspannten Erfolgserwartungen mußten spätere — mitunter totale — Mißerfolge zur um so stärkeren Enttäuschung und Resignation mitarbeitender Therapeuten führen.

Manche Therapiegruppen programmieren schon in ihrem therapeutischen Ansatz den Konflikt mit der Gesellschaft, vor allem mit dem Strafrecht und der »Schulmedizin«, vor. Das geschieht etwa dort, wo man eine Therapie der »Rückstufung« vom »hard-drug-use« bzw. »hard-use« zum »soft-drug-use« bzw. »soft-use« vertritt, wo man also beispielsweise das Fixen in der Wohngemeinschaft ablehnt, den Konsum von Haschisch und LSD jedoch zuläßt oder aber keine Einwände gegenüber gelegentlichen Injektionen von Stoffen erhebt. Solche Einstellung wird mitunter nach außen wegen der Fremdfinanzierung kaschiert, manchmal jedoch offen eingeräumt. Sie widerspricht weltweiter Erfahrung in der Behandlung von Alkoholikern und Rauschmittelabhängigen, daß nämlich **totale Abstinenz Voraussetzung und Ziel erfolgreicher Therapie** ist. Sie führt zur Unmöglichkeit, Mißbrauchsgruppen intern zu kontrollieren und bindet bereits wegen der Notwendigkeit illegaler Beschaffung der in der Wohngemeinschaft erlaubten Rauschmittel die Gruppe an die Szene und die in ihr übliche Kriminalität. Sie stellt überdies einen Widerspruch zu Grundaussagen der Therapiekonzeption selbst dar über die Notwendigkeit, dem Abhängigen bewußtzumachen, daß jeder Griff zum Rauschmittel eine fehlsame Problemflucht bedeutet. So konnten polizeiliche Kontrollen in einigen Wohngemeinschaften wegen permanenter Beschaffungskriminalität nicht ausbleiben.

Selbst wenn solche Einstellung nicht vorhanden ist, muß sich die Therapiegruppe mit dem Mißbrauch von gesellschaftlich tolerierten Mitteln — Alkohol, Nikotin, Medikamenten — auseinandersetzen. In jeder Wohngemeinschaft taucht das Problem solchen Mißbrauchs in unterschiedlichen Situationen immer wieder auf.

In allen therapeutischen Wohngemeinschaften stellt sich außerdem die Frage der Selbstbestimmung und der Stellung von Therapeuten in der Gemeinschaft. Das Prinzip totaler Selbstbestimmung und -regulierung im Kollektiv konnte — wo es praktiziert wurde — nur zum totalen Mißerfolg führen. So berichteten Probanden über mehrere Begebenheiten, bei denen Therapeuten hilflos zusehen mußten, wie eine ganze Gruppe dem Einfluß einzelner erlag und zum Fixen oder zu sonstigem Rauschmittelmißbrauch überging, wie sogar einige Mitglieder »angefixt« wurden. Jede Gruppe ist zum Scheitern verurteilt, wenn einige Minimalregeln, grundlegende Behandlungsziele von der Gruppe jederzeit umgestoßen, wenn Therapeuten dabei überstimmt werden dürfen. Ohne ein **Mindestmaß an Disziplin, Stetigkeit, Reglement, Autorität** —

beruhend auf Persönlichkeit und Erfahrung — wird gerade eine Wohngemeinschaft ehemaliger Fixer nicht funktionieren können.
Ein bedeutsamer Faktor ist schließlich die Einstellung der Therapiegemeinschaft zur Aufnahme neuer Mitglieder und zum weiteren Verbleiben von Mitgliedern, die durch permanenten Verstoß gegen das Reglement und demoralisierenden Einfluß die Gruppe gefährden. Wenn nicht strenge Voraussetzungen aufgestellt und eingehalten werden — Gemeinschafts- und Therapiefähigkeit sowie Therapiebereitschaft —, sind Therapieziele und Gruppendisziplin in Frage gestellt. Im Extremfall pervertiert die therapeutische Wohngemeinschaft in eine Fixer-Kommune, sie wird oder bleibt Teil der Szene.

XII. Kapitel

Zusammenfassung, Folgerungen und Forderungen in Thesen

1.
Rauschmittelumgang junger Menschen geschieht in Gruppen Gleichaltriger, in sogenannten »peer groups«, in denen man die Freizeit verbringt. Je früher und stärker sich jemand familiärer Prägung entzieht oder Ersatz für innerfamiliäre Personbindungen außen sucht, um so gefährdeter ist er auch für Rauschmittelumgang und Kriminalität.

2.
Rauschmittelumgang in solchen Gruppen und in entsprechenden subkulturellen Milieus ist abgeleitetes abweichendes Sozialverhalten. Das Ansteckende, das Sozialepidemische, ist mit folgenden Formeln zu kennzeichnen: Rauschmittelumgang ist erlerntes Verhalten; jeder junge Rauschmittelkonsument leitet sein Verhalten vom Verhalten anderer ab; jeder neue Konsument hat selbst teil an der weiteren Ausbreitung des Rauschmittelkonsums, des Mißbrauchs, der Sucht.

3.
Demzufolge werden die Arten der genommenen Rauschdrogen, die Abfolge der Mittel und der Einnahmeformen, die Riten, Rechtfertigungs- und Verdrängungstechniken, die Erscheinungsformen, Ausmaße und Abfolge der Delinquenz und Kriminalität weitgehend geprägt von jeweiligen Gepflogenheiten entsprechender Bezugsgruppen und Subkulturen wie der »Drogen-Szene«.

4.
Solche Subkulturen weisen mit der Zeit immer mehr Berührungen mit andersartigen kriminogenen Milieus und Subkulturen auf. Es entsteht in Zentren des Rauschmittelumgangs ein Schmelztiegel krimineller Milieus. So sind derzeit wechselseitige Verquickungen u. a. mit Milieus der Prostitution und Zuhälterei, des Rockerwesens, Terrorismus, illegalen und international organisierten Waffenhandels und sonstigen Schwarzhandels und Schmuggels erkennbar. Diese Verquickungen beeinflussen gleichfalls Erscheinungsformen und Intensität der Rauschmittelkriminalität.

5.
Eine solche sozialepidemische Erscheinung erfaßt im Zentrum Sozialisationsgestörte und zur Delinquenz Disponierte, am Rande auch solche, die gegen ernsthafte Gefährdungen gefeit sind. Je stärker ungünstige persönliche und soziale Dispositionen sind, um so rapider verlaufen der Rauschmittelmißbrauch und die delinquente Entwicklung. Zu den verwahrlosungsnahen Prädispositionen späterer Rauschmittelabhängiger gehört in der Regel vorangegangener Alkoholmißbrauch.

6.
Ähnlich wie bei anderen modischen Erscheinungen dissozialen Verhaltens junger Menschen ist bei Rauschmittelkonsumenten, vor allem bei Rauschmittelabhängigen des Erscheinungsbildes eines Fixers, ein Trend zu beobachten derart, daß sich zunehmend jüngere, stärker sozialisationsgestörte und delinquenzerfahrene Menschen und Zugehörige unterer Sozial- und Bildungsschichten entsprechenden Gruppierungen zugesellen.

7.
Bei einem Kern extremer junger Rauschmittelmißbraucher ist der Rauschmittelumgang ein weithin austauschbares, symptomhaftes Geschehen dissozialer Allgemeinentwicklung. Beispielhaft sei der alkoholmißbrauchende Rocker genannt, der zum Fixer wird. Die Gemeinsamkeit der Grundkonstellationen weist auf einen umfassender zu sehenden jugendkriminologischen Zusammenhang.

8.
Zwar liegen bei jungen Rauschmittelabhängigen, die als Fixer in Erscheinung treten, überwiegend primäre delinquente Dispositionen — oft auch strafrechtliche Auffälligkeiten vor der Rauschmittelphase — vor; aber jede Rauschmittelkarriere entwickelt zugleich eine Eigendynamik. Sie führt zur Demoralisierung, sozialen Schädlichkeit und Untüchtigkeit und prägt das Erscheinungsbild der delinquenten und kriminellen Entwicklung; delinquente Dispositionen werden verstärkt und gefestigt. Am Ende entsteht der trügerische Eindruck eines einheitlichen Persönlichkeits- und Tätertypus des jungen Rauschmittelabhängigen.

9.
Der Fixer unterscheidet sich im Rauschmittelumgang und in seiner Kriminalität wesentlich vom früheren Morphinisten, dem klassischen Süchtigen. Jener war relativ maßvoll im Rauschmittelumgang und in der Kriminalität, spezialisiert auf bestimmte Mittel, Einnahmeformen und auf weniger gravierende Beschaffungsdelikte. Er war älter, zunächst sozial integriert, als Süchtiger vereinzelt, ohne Ansteckungswirkung. Der Fixer ist hingegen polytoxikoman — ein »Drogenvielfraß« — und polytrop-delinquent, in jeder Hinsicht maßlos, beruflich und fa-

miliär zumeist entwurzelt — »drop out« — und stellt objektiv — vom Ausmaß seines schädigenden Verhaltens gesehen — eine kaum zu unterschätzende Gefahr und einen Ansteckungsherd dar. In der Dichte, Intensität und Ausfüllung des Alltags seiner Delinquenz und Kriminalität ist dem Fixer kaum ein anderer Tätertypus heutiger Jugendkriminalität ebenbürtig; indes entspricht dem — subjektiv betrachtet — eine Minderung seiner Einsichts- und Handlungsfähigkeit, seiner Schuld.

10.
Entsprechend den Besonderheiten der Täter-Opfer-Beziehungen, der Milieugebundenheit und der unterschiedlichen Anzeigewahrscheinlichkeit bei einzelnen für Fixer typischen Deliktsarten sowie den Unterschieden in der polizeilichen Verfolgungsorganisation ist das Dunkelfeld jeweils unterschiedlich groß. Daher rühren Strukturunterschiede zwischen tatsächlicher, polizeilich bekannter und abgeurteilter Rauschmittelkriminalität. Zu den Deliktsarten, die ein nahezu totales Dunkelfeld aufweisen, gehören u. a.: Aggressionsdelikte innerhalb der Drogen-Szene, Rezepterschleichen und Verschreibungsmißbrauch, Verleiten anderer zu Rauschmittelmißbrauch und Injizierhilfen, Gesundheitsgefährdungen durch Beschaffen und Verabreichen von Rauschmitteln, Diebstähle und Betrüge an Arbeitsstellen sowie in der Drogen-Szene, Delinquenz in Heimen, Kliniken oder Strafanstalten.

11.
Eine Typologie des Fixers nach der Art des bekanntgewordenen Delikts ist allenfalls von kriminalistischer Bedeutung; sie kennzeichnet nicht die Persönlichkeit und gibt keine Anhaltspunkte für die zu treffenden Maßnahmen und für eine Therapie. Es gibt nicht **den** Apothekeneinbrecher, **den** Händler, **den** Rezeptfälscher, **den** Konsumenten; vielmehr ist jeder Fixer in der Regel alles zugleich bzw. nacheinander. Das Entdeckungsrisiko ist aber bei einigen Delikten größer; dies suggeriert die Vorstellung von einem Tat-Täter-Typus.

12.
Der junge Rauschmittelabhängige ist durch die Einflüsse von Subkultur und Rauschdrogen auf Rolle und Techniken des Täuschenden fixiert. Jeder, der mit ihm zu tun hat — Arzt, Sozialarbeiter, Sachverständiger, Richter, Mitarbeiter im Strafvollzug — muß sich freimachen von Illusionen und Vertrauensseligkeit, er muß zugleich ein für erfolgversprechende Behandlung notwendiges Maß der Distanz bewahren.

13.
Nicht jeder Rauschmittelkonsument ist rauschdrogenabhängig und behandlungsbedürftig im medizinisch-therapeutischen Sinn. Daher ist auch im strafjustiziellen Verfahren deutlich nach der Intensität des Mittelmißbrauchs und dem Grad einer eventuellen Abhängigkeit zu unter-

scheiden. Im Vorfeld ernsthafter Rauschmittel- und Drogen-Szene-Abhängigkeit hat pädagogisches Bemühen Vorrang vor medizinischen und strafjustiziellen Interventionen. Hier gilt es, die primären sozialen Bindungen in Familie, Schule, Berufsausbildung zu stärken, Störungen in der Sozialisation zu erkennen und ihnen entgegenzuwirken. Verharmlosung, aber auch Übermaßreaktionen durch Eltern, Lehrer, Ärzte, Polizei, Jugendstaatsanwälte, Jugendrichter können sich gleichermaßen schädlich auswirken.

14.
Der junge Rauschmittelabhängige vom Erscheinungsbild des Fixers ist weder allein als Kranker noch allein als Krimineller zu definieren und zu behandeln. Die Vielschichtigkeit der Erscheinung — insbesondere der Regelfall des Mischtyps eines Konsumenten, der zugleich Händler ist — zwingt dazu, daß die Rechtsfolgebestimmungen des Gesetzes und seine Handhabung differenziert und flexibel sind. Das Betäubungsmittelgesetz trägt dem im wesentlichen, jedenfalls nach der Rechtsfolgeseite hin, Rechnung; eine parlamentarisch diskutierte Heraufsetzung der Mindeststrafmaße bei vielen Straftaten, die Fixern geläufig sind, würde dieser Notwendigkeit indes zuwiderlaufen.

15.
Die Vielfachstörung des jungen Rauschmittelabhängigen verbietet eine ausschließlich medizinisch orientierte Therapie ebenso wie ein bloß strafendes Reagieren ohne medizinisch-therapeutisches Element. Beispielsweise erscheinen daher unangemessen, ja gefährlich: Erhaltungs-Therapien (Methadon- bzw. Polamidon-Erhaltungs-Therapie, sogenanntes »Legalisieren«), stereotaktisch-hirnoperative Eingriffe, aber auch jede ambulante ärztliche Entziehungsbehandlung, die mit der Verschreibung von Rauschmitteln oder anderen für Rauschzwecke mißbrauchbaren Drogen verbunden ist. Solche Therapieformen können nämlich dem Phänomen umfassender Verwahrlosung, nicht bloßer Rauschmittelabhängigkeit, keineswegs gerecht werden.

16.
Im In- und Ausland haben sich strafjustizielle Rahmenbedingungen für die Wahrnehmung der — geringen — therapeutischen Chancen überwiegend als förderlich erwiesen, obwohl — oder weil — dabei Mittel indirekten Zwangs eingesetzt werden, die eine Bereitschaft fördern können, sich der unbequemen Behandlung zu unterziehen (Schuldspruch und Therapieauflagen, Bewährungsaussetzung usw.). Ein solch strafjustizielles Vorgehen mit therapeutischem Akzent muß jedoch konsequent, straff, zwischen den beteiligten öffentlichen und privaten Einrichtungen kooperativ abgestimmt und kontrolliert durchgeführt werden. Insbesondere empfiehlt es sich, Rauschmittelabhängige von der ersten Auffälligkeit an zu registrieren und zentral ihren weiteren Weg,

ihre Therapie und den Strafverfolgungsgang zu beobachten, um Doppelbehandlungen, das gegenseitige Erschweren bestimmter Ansätze und die Täuschungs- und Erpressungstechniken Rauschmittelabhängiger zu vermeiden. Hier lassen sich trotz gesetzlicher Hemmnisse pragmatische Wege der Kooperation finden.

17.
Selbsthilfegruppen sind nur dann in die Therapiearbeit und im Strafverfahren einzubeziehen und zu fördern, wenn sie sich kontrollieren lassen, wenn ihr Konzept ein Mindestmaß an nötiger Disziplin erkennen läßt. Sinnvoll ist z. B. die Mitarbeit ehemaliger Süchtiger (»ex addicts«) unter der begleitenden Aufsicht (Supervision) eines Bewährungshelfers oder beruflichen Therapeuten.

18.
Wo Einrichtungen der Sozialarbeit freier oder staatlicher Träger einen Teil sozialtherapeutischer Arbeit — z. B. Anbahnung der Therapiekette bzw. des Therapienetzes durch »street work« und Beratungsstellen in Rauschmittelmißbrauchszentren — anerkanntermaßen wahrnehmen müssen, ist ihnen auch ein entsprechender Bewegungsspielraum zuzugestehen ohne Gefahr schädlicher strafjustizieller Intervention.

19.
Da mit einem weiteren Anstieg der Zahlen strafgefangener Rauschmittelabhängiger zu rechnen ist, sollte eine Spezialisierung von Strafvollzugseinrichtungen im Länderverbund stattfinden. Anderenfalls wird der gesamte, personell ohnehin überforderte, teilweise aber auf Humanisierung, Lockerung und Resozialisierung eingestellte Vollzug in Mitleidenschaft gezogen.

20.
Konkret notwendiges pädagogisches, therapeutisches, auch strafjustizielles Vorgehen gegenüber jungen Rauschmittelmißbrauchern entbindet nicht von der Notwendigkeit, zugleich den allgemeinen jugendkriminologischen und gesamtgesellschaftlichen Zusammenhang zu erkennen und in dieser Hinsicht präventiv zu wirken.

Sachregister

mit Hinweisen und Erläuterungen
(s. = siehe; s. a. = siehe auch)

THEORIE UND SOZIALE PRAXIS

Eine Studienbuchreihe zur Theorie und Praxis der sozialen Berufe, herausgegeben von Joachim Holder und Peter Orban

„Den Anstoß zu der Reihe gab die konkrete Erfahrung, daß die vorhandene Studienliteratur meist über die Köpfe der Adressaten hinweg geschrieben wurde, daß beim Schreiben die subjektive Situation des Lesers nicht mitreflektiert wurde und damit auch nicht Eingang in das Geschriebene gefunden hat. Es scheint uns weder sinnvoll, Theorien abstrakt abzuhandeln, noch möglich, Rezeptbücher mit Handlungsanweisungen für die tägliche Arbeit zu produzieren. Grundsätzlich besteht der Konsensus, daß Vermittlung von Theorie anzuknüpfen hat an die konkreten Interessen und Bedürfnisse der Lebens- und Studienpraxis der Studierenden.“ (Aus dem Vorwort der Herausgeber)

Peter Orban — Band 1
Sozialisation
1973, VIII, 184 Seiten, kart., DM 16,80
ISBN 3-7610-5880-2

Joachim Holder — Band 2
Kommunikation
1975, XI, 125 Seiten, kart., DM 16,80
ISBN 3-400-00296-8

Rauschmittelkonsum — Band 3
Karl-Heinz Reuband (Hrsg.)
1976, XII, 192 Seiten, kart., DM 19,80
ISBN 3-400-00285-2

Peter Orban — Band 4
Subjektivität
1976, XI, 141 Seiten, kart., DM 19,80
ISBN 3-400-00328-X

Arthur Kreuzer — Band 5
Jugend – Rauschdrogen – Kriminalität
1978, 152 Seiten, kart., DM 14,80
ISBN 3-400-00380-8

Die Reihe wird fortgesetzt mit folgenden Themen (Auswahl): Aggression und Schule / Narzißmus / Schizophrene Kommunikation / Psychosomatik / Arbeitswelt.

AKADEMISCHE VERLAGSGESELLSCHAFT
6200 Wiesbaden · Postfach 1107 · Bahnhofstraße 39